C.H.BECK WISSEN

Mit dem Codex Manesse beherbergt die Heidelberger Universitätsbibliothek den wohl berühmtesten und umfangreichsten Prachtcodex seiner Zeit. Das reich illustrierte Liederbuch ist nicht nur ein Kleinod mittelalterlicher Buchmalerei, sondern vor allem ein einzigartiges Zeugnis des Reichtums mittelhochdeutscher Lyrik, von der Zeit Barbarossas im 12. Jahrhundert bis zu den Anfängen des 14. Jahrhunderts. Die Literaturwissenschaftlerin Anna Kathrin Bleuler macht diesen Schatz einer breiten Leserschaft zugänglich. Ihre anschauliche Darstellung ist gleichermaßen dem Inhalt wie der Entstehungsgeschichte des Codex gewidmet. Sie erhellt das Wesen der Autorenbilder im Codex und entwirft ein Panorama der Formenvielfalt des mittelalterlichen Minnesangs. Zudem wird deutlich, wo und wie der Codex entstanden ist – Werkstattbericht aus der Schreibstube inklusive, und zwar zu einer Zeit, in der das Büchermachen noch ein Geschäft von Jahren und Jahrzehnten war.

Anna Kathrin Bleuler ist Professorin für Deutsche Sprache und Literatur des Mittelalters an der Universität Salzburg. Der Codex Manesse bildet einen besonderen Schwerpunkt ihrer Forschungen.

Anna Kathrin Bleuler

DER CODEX MANESSE

Geschichte – Bilder – Lieder

Verlag C.H.Beck

Mit 14 farbigen Abbildungen und 3 Graphiken

Die Entstehung dieses Buches verdankt sich nicht zuletzt einem Forschungsaufenthalt am Wissenschaftskolleg zu Berlin, 2017/18

Originalausgabe
© Verlag C.H.Beck oHG, München 2018
Satz: C.H.Beck.Media.Solutions, Nördlingen
Druck und Bindung: Druckerei C.H.Beck, Nördlingen
Umschlaggestaltung: Uwe Göbel, München
Umschlagabbildung: Codex Manesse, Bl. 124r, Walther von der Vogelweide; akg-images/UIG/Universal History Archive
Printed in Germany
ISBN 978 3 406 72134 2

www.chbeck.de

Inhalt

I. Einführung

«Unser ist das Los der Epigonen.»
Gottfried Keller

Der Codex Manesse (auch: ‹Große Heidelberger Liederhandschrift C›) ist die größte und prachtvollste Lyrikhandschrift des Mittelalters. Seine Berühmtheit verdankt er vor allem seinen großformativen, farbigen Bildern und weniger den darin enthaltenen Texten. Zwar enthält er die Werke viel beachteter Autoren, wie das Walthers von der Vogelweide, daneben aber in größerer Zahl auch solche, die bis heute kaum erforscht sind.

Die Nichtbeachtung etlicher Autoren des Codex Manesse ist das Ergebnis eines Kanonisierungsprozesses, der im 19. Jahrhundert mit den ersten kritischen Ausgaben der mittelhochdeutschen Lyrik (vgl. unter anderem K. Lachmann/M. Haupt [Hgg.]: «Des Minnesangs Frühling» [Erstdruck 1857]) einsetzte. Die Ausgaben dokumentieren ein Auswahlverfahren, dem die mittelalterliche Lyrik unterzogen wurde, das von Geschichtskonstruktionen des 19. Jahrhunderts geprägt ist. Bestimmend dafür war die Verherrlichung der Stauferzeit unter Friedrich I. Barbarossa (Kaiserkrönung: 1155) und Heinrich VI. (Kaiserkrönung: 1191) als der ‹Blütezeit› der höfisch-ritterlichen Adelskultur. Das Anliegen der damaligen Germanisten war es, die ‹besten› mittelhochdeutschen Dichter in ihren Ausgaben zu versammeln. Dem zeitgenössischen Geschichtsverständnis nach geurteilt, waren das jene, deren Schaffenszeit mutmaßlich in die Epoche zwischen 1150 und 1210 fällt. Als Höhepunkt und Überwinder galt Walther von der Vogelweide (als Dichter aktiv zwischen 1190 und 1230). Da viele der im Codex Manesse versammelten Autoren erst in die Zeit nach Walther zu datieren sind, wurden diese – in Anlehnung an die Einteilung der deutschen Literatur des 18. und 19. Jahrhunderts in Weimarer Klassik und Nachklassik – als ‹Nachgeborene› angesehen und wenig beachtet.

Solche Wertungen gelten heute zwar als überholt, da die aktuellen kritischen Ausgaben der mittelhochdeutschen Lyrik jedoch in vielen Fällen noch weitgehend auf denen des 19. Jahrhunderts basieren, sind die Ausgrenzungsmechanismen noch immer wirksam. Einer, der der Marginalisierung der späthöfischen Dichter des Codex Manesse bereits im 19. Jahrhundert entgegentrat, war der Schweizer Schriftsteller Gottfried Keller (1819–1890). Seine 1877 veröffentlichten *Züricher Novellen* heben mit einer Erzählung an, in deren Zentrum ein später, um 1300 zu datierender Autor aus dem Codex Manesse steht, nämlich Johannes Hadlaub (Titel der Novelle: *Hadlaub*). Keller erzählt dessen (fiktive) Lebensgeschichte, verleiht ihm autobiografische Züge und macht ihn zum Reflexionsmedium seines eigenen künstlerischen Selbstverständnisses. Die Identifikation mit dem mittelalterlichen Dichter ist dabei keineswegs zufällig, sondern vom Geschichtsdenken der Zeit geprägt: Keller, der sich selbst als Dichter eines «herbstlichen Nachklangs auf die klassische Epoche» verstand, sah in Hadlaub – dem Dichter, der nach damaliger Auffassung im ‹Herbst des Mittelalters› lebte – einen Schicksalsgenossen (Keller, zitiert nach: Hadlaub 1980, S. 146). Worum es Keller indes ging, war, zu erweisen, dass es den ‹Nachgeborenen› eben gerade nicht an Originalität und an Gegenwartsbezug mangelte.

Wann, wo und zu welchem Zweck der Codex Manesse entstanden ist, wer der Auftraggeber war, wie er hergestellt wurde, wo er im Laufe der Jahrhunderte überall lagerte und nicht zuletzt: wer die Autoren waren, deren Texte darin stehen – zu all dem liegen keine direkten Auskünfte vor. Der Codex liefert jedoch Indizien, die in Hinblick auf diese Fragen ausgewertet wurden. Bisweilen können die Befunde unterschiedlich interpretiert und bewertet werden. Die Auseinandersetzung mit diesen Fragen bleibt eine Spurensuche.

Entstanden ist die Handschrift mit an Sicherheit grenzender Wahrscheinlichkeit im Auftrag des Patriziers Rüdiger Manesse zwischen 1300 und 1330/1340 in Zürich. An ihrer Herstellung waren etliche Schreiber, Maler und Illustratoren beteiligt. Sie ist nach Autoren geordnet, wobei diese nach ihrem Stand in absteigender Folge aufgeführt sind. Jedem Autor ist ein ganzseitiges Autorenbild gewidmet, über dem dessen Name in roter Farbe steht. Auf den an das Bild anschließenden Buchseiten folgen dann die in gotischer Buchschrift geschriebenen Texte des besagten Autors.

Insgesamt enthält der Codex Manesse 140 solche Autorcopora. Zum Teil handelt es sich dabei um zeitgenössische Lyrik, zum Teil um solche, deren Verfasser zur Entstehungszeit des Codex bereits seit über 100 Jahren tot waren. Die Texte stammen aus dem gesamten deutschen Sprachraum, mit einem (wohl dem Entstehungsort Zürich geschuldeten) geografischen Schwerpunkt auf Autoren aus dem Gebiet der heutigen Schweiz.

Bis auf eine Ausnahme sind alle im Codex Manesse enthaltenen Autornamen männlich. Die einzige weibliche Namensform (‹*Die Winsbeckin*›, Bl. 217r) bezeichnet höchstwahrscheinlich keine Autor*in*, sondern – in Ermangelung der Identität des (wohl ebenfalls männlichen) Autors – die Protagonistin des Werks.

Mehr als 90 der im Codex Manesse vertretenen Autoren sind ausschließlich durch diese Handschrift bezeugt. Die mehrfach überlieferten Autorsammlungen wiederum sind darin zumeist mit einem erheblich umfangreicheren Strophenbestand überliefert als in den Parallelhandschriften. Das zeigt, dass es den Herstellern des Codex Manesse nicht (wie es bei anderen Handschriften der Fall ist) darum ging, lediglich ausgewählte mittelhochdeutsche Gedichte aufzunehmen, sondern das gesamte Spektrum von den Anfängen bis um 1300 möglichst umfassend zu dokumentieren.

Die Handschrift enthält ausschließlich deutschsprachige Texte; in seltenen Fällen handelt es sich um Übersetzungen – nicht aus dem Lateinischen, aber z. B. aus dem Niederländischen (vgl. z. B. *Johann von Brabant*, Bll. 18r–19r). Das Deutsch, in dem die Texte verfasst sind, entspricht nicht dem Neuhochdeutschen, sondern es stellt eine ältere – im deutschsprachigen Raum zwischen etwa 1050 und 1350 gesprochene und geschriebene –

Form des Deutschen dar, die man als Mittelhochdeutsch bezeichnet. Im Unterschied zum Neuhochdeutschen kennt das Mittelhochdeutsche keine überregionale Standardisierung, sondern es existierte in Form von regional gebundenen (Schreib-)Dialekten.

Die in Strophenform abgefassten Texte wurde ursprünglich – wohl von den Autoren selbst – gesanglich vorgetragen. Es handelt sich also um Liedkunst, deren Verfasser nicht nur Textproduzenten, sondern auch Musiker und Sänger waren. Dieser Aspekt kann bei der Beschäftigung mit dem Codex Manesse leicht übersehen werden, da er – anders als andere zeitgenössische Liederhandschriften – keine Noteneinträge enthält.

Thematisch liegt der Schwerpunkt des Codex Manesse auf der höfischen Liebesdichtung – dem sogenannten Minnesang. Daneben enthält er in größerem Umfang Lyrik mit politischen, religiösen, lehrhaften und zeitkritischen Inhalten (sogenannte Sangspruchdichtung) sowie einige strophische Großformen (unter anderem den *Sängerkrieg auf der Wartburg*).

Mit seinem farbenprächtigen Buchschmuck, dem großen Folio-Format und dem üppigen Umfang ist der Codex Manesse Bestandteil der mittelalterlichen Repräsentationskultur. Er ist wohl nicht für den praktischen Gebrauch als Liederbuch hergestellt worden, sondern gehört einem Typus von mittelalterlichen Lyrikhandschriften an, der eher fürs Anschauen und Lesen bestimmt war.

Die Handschrift lagert heute in einem speziell klimatisierten Raum der Universitätsbibliothek Heidelberg und wird nur noch selten zu ausgewählten Anlässen herausgenommen. Sie kann aber eingesehen werden in Form des Digitalisats, das die Universitätsbibliothek Heidelberg auf ihrer Homepage zur Verfügung stellt (http://digi.ub.uni-heidelberg.de/diglit/cpg848).

2. Entstehungskontext

Der Codex Manesse enthält keine Angaben darüber, wer der Auftraggeber war, wann und wo er entstanden ist. Der mittelalterliche Einband als Ort, an dem sich üblicherweise Informationen dazu finden, fehlt. Das Schicksal des Codex in den ersten Jahrhunderten liegt weitgehend im Dunkeln. Fragt man nach seiner Herkunft, Datierung und Entstehungsgeschichte, muss man die Texte und Bilder nach Indizien befragen.

Der Erste, der sich aus historischem Interesse mit der Handschrift beschäftigte und von dem wir wissen, dass er sie mit der Zürcher Patrizierfamilie Manesse in Verbindung brachte, war der Schweizer Historiker und Philologe Johann Jakob Bodmer (1698–1783). Bodmer gehörte zu den Wissenschaftlern, die sich um die Erforschung der altdeutschen (mittelhochdeutschen) Literatur bemühten, lange bevor es zur großen Wiederentdeckung im 19. Jahrhundert durch die Brüder Jacob und Wilhelm Grimm (1785–1863/1786–1859), Karl Lachmann (1793–1851) und andere kam, die zur institutionellen Einbettung der Germanistik in den universitären Forschungs- und Lehrbetrieb führte.

Bodmer gelang es, die Handschrift, die seit 1657 im Besitz der Königlichen Bibliothek in Paris war und damals den Namen ‹Pariser Handschrift› trug, zu Studienzwecken an seinen Arbeitsort in Zürich auszuleihen. 1748 legte er eine Publikation vor, in der er den Codex erstmals als *Manessische Handschrift* bezeichnet und in der er die Meinung vertritt, die Handschrift sei im Auftrag des Stadtpatriziers und Ratsmitglieds Rüdiger Manesse um 1300 in Zürich entstanden (Bodmer 1748, S. III–XVI). Bodmer stützt seine Überlegung zur Entstehung der Handschrift auf ein Gedicht aus dem Codex Manesse, das unter dem Namen Johannes Hadlaub überliefert ist. In diesem Gedicht findet sich eine für die Handschrift singuläre – allerdings auch mehrdeutige – Aussage zum Entstehungsprozess der Handschrift, in deren Zusammenhang das Zürcher Geschlecht der Manesse genannt wird.

Bodmers Lokalisierung und Datierung der Handschrift hat in der Folgezeit breite Zustimmung gefunden und ist mit leichten Veränderungen zum Gemeingut der Forschung geworden. Bei der Beschäftigung damit ging es fortan vor allem darum, weitere Hinweise zu finden, die die Annahme der Beteiligung der Manesse am Entstehungsprozess stützen. Doch gab es stets auch Gegenstimmen – eine Debatte, die Ende des 19. Jahrhunderts zu einem Forschungsstreit führte. Gegen Bodmer wurde unter anderem argumentiert, die bürgerliche Familie Manesse komme allein deshalb schon nicht als Auftraggeberin in Betracht, weil sie nicht über die finanziellen Mittel für die Erstellung einer solchen Prachthandschrift verfügt haben könne (Holznagel 1995, S. 154). Als alternativer Herkunftsort wurde stattdessen der Konstanzer Bischofssitz in Erwägung gezogen, wobei dafür vor allem stilistische Übereinstimmungen zwischen den Abbildungen im Codex Manesse und zeitgleichen Konstanzer Wandmalereien als Argument angeführt wurden. Zudem brachte man den ebenfalls im Werk Johannes Hadlaubs erwähnten Konstanzer Bischof Heinrich von Klingenberg (1293–1306) als Auftraggeber ins Spiel, den man auch für den Auftraggeber der in etwa gleichzeitig entstandenen Stuttgarter Liederhandschrift (B) hielt. Andere Kritiker wiederum wollten in Elisabeth von Görz-Tirol (um 1262–1313) und deren Tochter Agnes von Ungarn (um 1281–1364) die Auftraggeberinnen der Handschrift sehen.

Diese Positionen gelten in der Forschung heute als obsolet – die Zürcher Provenienz wird nicht mehr ernsthaft angezweifelt. Interessant sind sie aus forschungsgeschichtlicher Perspektive, denn sie sagen etwas über die Bewertung von mittelalterlichen Artefakten in der Zeit um 1900 aus. So fällt der Streit um die Herkunft des Codex Manesse im ausgehenden 19. Jahrhundert in die Zeit, in der der Nationalstaat als neue politische Institution aufgebaut wurde. In diesem Zusammenhang entstand ein neues Bewusstsein von Staatsbürgerlichkeit, von überregionaler Vereinheitlichung und von nationaler Zusammengehörigkeit. Man begann, sich für die Geschichte des deutschen Volkes zu interessieren und sich mit seinen ‹Wurzeln› zu beschäftigen. Diese nationalistisch motivierte Beschäftigung mit den deutschen Kulturgütern führte zu einer Idealisierung derselben, die sich z.B. daran zeigt, dass damals ein Großteil der mittelhochdeutschen Dichter – zumeist ohne jeglichen historischen Beleg – dem Adelsstand zugeordnet wurde. Und Idealisierung zeigt sich auch bei Bodmers Kritikern: Denn diese stützen sich weniger auf eine sachliche Auswertung von historischen Befunden als vielmehr auf ein Ressentiment gegenüber der Vorstellung, wonach die prachtvollste deutschsprachige Handschrift des Mittelalters einem (bloß) bürgerlichen Milieu entstammt.

Die Handschrift selbst indes liefert verschiedene Hinweise auf Zürich als Entstehungsort. Zu den bereits 1748 von Bodmer ausgewerteten Personennamen im Werk Johannes Hadlaubs, die auf Zürich und Umgebung verweisen, tritt der Umstand, dass von den 140 im Codex Manesse versammelten Autoren überproportional viele, nämlich mehr als 30, in der heutigen Schweiz zu verorten sind. Diese regionale Verdichtung auf den alemannischen Sprachraum, die in anderen Lyrikhandschriften der Zeit nicht zu beobachten ist, verweist zwar nicht direkt auf Zürich als Entstehungsort, so doch aber auf die Ostschweiz, was zumindest gegen Bayern als Entstehungsort spricht. Denn sie dürfte damit zu erklären sein, dass die Sammler zu Quellen, die geografisch in ihrer Reichweite lagen, besseren Zugang hatten.

Weitere Hinweise auf Zürich als Entstehungsort liefern handschriftenkundliche und sprachliche Aspekte der Handschrift. Eine bahnbrechende Entdeckung, die die Kritiker an der Zürich-These verstummen ließ, machte man in den 1990er-Jahren, als ein Schreiber des Codex Manesse mit einem Zürcher Stadtschreiber identifiziert werden konnte.

Das Werk Johannes Hadlaubs

An 122. Stelle des Codex Manesse findet sich das Werk Johannes Hadlaubs, das mit 51 Liedern und drei Texten, die zur Gattung ‹Leich› (von germanisch *laikaz*, neuhochdeutsch: Spiel,

Tanz, Bewegung) zählen, zu den umfangreichsten der Handschrift gehört. Das Werk nimmt im Codex Manesse eine Sonderstellung ein, die sich bereits an der ästhetischen Gestaltung zeigt. Hadlaub ist der einzige Dichter des Codex Manesse, dem ein Autorenportrait zugeteilt wurde, das in zwei Bildbereiche eingeteilt ist. Diese zweiteilige Abbildung zeigt zwei voneinander unabhängige Szenen aus den Liedern, in deren Zentrum jeweils der Dichter/Sänger positioniert ist (Abb. 14). Zu dieser besonders aufwändigen Bildgestaltung kommt eine den Text schmückende Eingangsinitiale, die wesentlich größer und kunstvoller ausgestaltet ist als die Eingangsinitialen der anderen Werke (Abb. 2).

Im Hinblick auf die Texte fällt auf, dass diese besonders sorgfältig eingetragen wurden und von einem Schreiber stammen, der sonst keine Liedeinträge vorgenommen hat. Zwar sind die insgesamt zehn Schreiber, die für den Codex Manesse ausgemacht werden können, unbekannt, doch wurden, was den Schreiber des Hadlaub-Corpus betrifft, in jüngerer Zeit zwei signifikante Entdeckungen gemacht. Zum einen wurde nachgewiesen, dass dieser Schreiber an der Gesamtredaktion des Codex Manesse beteiligt gewesen sein muss. Denn von ihm stammen nicht nur – wie lange Zeit angenommen wurde – die Hadlaub-Einträge, sondern auch ein Großteil der in roter Farbe über den Bildern eingetragenen Autornamen (Salowsky 1989). Zumeist folgen diese Eintragungen einer in ganz kleiner Schrift vorgeschriebenen Fassung des Namens, der jeweils auf der Folgeseite über dem Textbeginn angebracht ist. Dabei fällt auf, dass die roten Bildüberschriften in der Namensschreibung und der Wortfolge oftmals stark von den vorgeschriebenen Namensfassungen abweichen, was auf ein eigenständiges Arbeiten dieses Schreibers hinweist. Zum anderen – und darauf wird später zurückzukommen sein – handelt es sich ausgerechnet bei diesem Schreiber um denjenigen, der in den 1990er-Jahren mit einem Zürcher Stadtschreiber identifiziert werden konnte.

Eine weitere Auffälligkeit des Hadlaub-Corpus ist seine Position innerhalb des Codex. Die Liedtexte wurden, wie es üblich war bei mittelalterlichen Pergament-Handschriften, lagenweise eingetragen (vgl. Kapitel 3). Für Hadlaubs Werk war ursprünglich eine eigene Lage mit sechs Doppelblättern (Bll. 371–382) vorgesehen. Innerhalb dieser Lage wurde zu einem späteren Zeitpunkt auf einem freistehenden, linierten Blatt, das ursprünglich wohl für Nachträge zu Hadlaubs Werk vorgesehen war, das Werk des Dichters Regenbogen (Bl. 381, Schreiber Fs) eingetragen. Auffallend ist nun, dass das Schlussblatt dieser Lage (Bl. 382) als einziges Blatt im gesamten Codex Manesse nicht nur unbeschrieben, sondern auch unliniert ist. Anders als andere Leerseiten war es also nie für Texteinträge vorgesehen. Dieser Umstand lässt sich am ehesten damit erklären, dass das Hadlaub-Corpus ursprünglich als letzte Textsammlung des Codex Manesse vorgesehen war (Voetz 2015, S. 56). Das Buch sollte, wie es üblich war, mit einer Leerseite schließen. Dieser Plan wurde bei der Herstellung des Codex dann offenbar aber wieder verworfen. Denn das fertige Buch enthält nach der Hadlaub-/Regenbogen-Lage noch vier weitere Lagen mit insgesamt 14 Dichtern – zum Teil solchen, die vom Grundstockschreiber eingetragen wurden, zum Teil solchen, die von Nachtragsschreibern stammen.

Geht man davon aus, dass das Hadlaub-Corpus von den Redaktoren ursprünglich als Abschluss der Sammlung konzipiert worden war, dann erklärt sich auch die außergewöhnlich aufwändige Gestaltung des Autorenbildes und der Eingangsinitiale. Das Hadlaub-Corpus mit seinem prachtvollen Buchschmuck hätte dann nämlich das Gegenstück zum eröffnenden Werk Kaiser Heinrichs gebildet, welches ebenfalls durch besondere Gestaltung auffällt (vgl. Kapitel 3).

Zu diesen Auffälligkeiten kommt hinzu, dass an dritter Stelle von Hadlaubs Werk ein Gedicht eingetragen ist, das sich als Gönnerlob lesen lässt und das Hinweise zur Entstehung und Anlage einer Liedersammlung enthält (Bl. 372r). Diese beziehen sich zwar nicht explizit auf den Codex Manesse, sie stimmen jedoch so genau mit dem erhaltenen Buch überein, dass man sie seit Bodmers Auswertung im 18. Jahrhundert darauf bezieht:

Johannes Hadlaub (Bl. 372r)

Wa vunde man sament so manig liet.
man vunde ir niet.
in dem künigriche.
als in zürich an bůchen stat.
des průͤvet man dike da meister sang.
der Manesse rank.
darnach endeliche.
des er dü liederbůch nu hat.
gegen sim hove mechten nigin die singere,
sin lob hie průͤven und andirswa.
wan sang hat bön und würzen da.
und wizze er wa.
gůt sang noch were.
er wurbe vil endelich darna. (I)

Sin sun der kuster der treibs öch dar.
des si gar.
vil edils sanges.
die herren gůt hant zemne bracht.
ir ere průͤvet man dabi.
wer wîste si.
des anevanges.
der hat ir eren wol gidacht.
das tet ir sin der richtet si nach eren.
das ist öch in erborn wol an.
sang da man die*n* frowen wolgetan.
wol mitte kan.
ir lob gemeren.
den wolten si nit lan zergan. (II)

Swem ist mit edlem sange wol.
des herze ist vol.
gar edler sinne.
sang ist ein so gar edles gůt.
er kumt von edlem sinne dar.
dur frowen clar.

dur edil minne.
von dien zwein kumt so hoher můt.
was were dü welt weren wib nicht so scho̊ͤne.
dur si wirt so vil sůͤzzekeit.
dur si man wol singet unde seit.
so gůt geticht.
und sůͤs gedo̊ͤne.
ir wunne sang us herzen treit. (III)

(I) Wo fände man so viele Lieder beisammen? / Man fände sie nirgends / im ganzen Königreich, / nur in Zürich, wo sie in den Büchern stehen. / Darum hat man da mit dem Gesang von Meistern viel Erfahrung. / Der Manesse bemühte sich / zielstrebig darum, / sodass er die Liederbücher nun hat. / Gegen seinen Hof verneige sich die Sängerschar, / seinen Ruhm zu begründen hier und anderswo. / Denn dort stehen Baum und Wurzeln des Gesangs. / Und wüsste er, wo / es noch ein gutes Lied gäbe, / er würde sich darum bemühen, bis er es hat. (II) Sein Sohn, der Kustos, betrieb dasselbe. / So haben sie / viel an edler Liedkunst / gesammelt, die vornehmen Herren. / Darin bestätigt sich ihr hohes Ansehen. / Wer brachte sie / auf dieses Unternehmen? / Der meinte es gut mit ihrer Ehre. / Es war ihre Gesinnung: Die strebt nach Ehre. / Das ist ihnen wohl angeboren. / Gesang, mit dem man schönen Damen dient, / mit dem man / ihren Ruhm erhöhen kann, / den wollten sie nicht verloren gehen lassen. (III) Wem edler Gesang gefällt, / dessen Herz ist voll / von edler Gesinnung. / Gesang ist ein gar edles Gut; / er kommt aus edler Gesinnung. / Schöne Damen, / edle Liebe – / diese beiden bereiten große Freude. / Was wäre die Welt, wären Frauen nicht so schön? / Um ihretwillen entsteht so viel Wohltuendes. / Für sie singt und sagt man / so schöne Gedichte / und süße Melodien. / Die Freude daran treibt Gesang aus den Herzen hervor.

In den ersten beiden Strophen werden die Stadt Zürich (I,4), der Manesse (I,6) sowie dessen Sohn, der *kuster* (II,1), angeführt. Dass der Name *zürich* mit der heutigen Stadt Zürich in der Schweiz zu identifizieren ist, steht außer Zweifel. Die Personenbezeichnung *der Manesse* ist im Zusammenhang mit dem Ortsnamen *zürich* um 1300 sowie mit der Nennung eines Sohnes, der das Amt eines Kustos (*kuster*) innehat, mit niemand anderem als dem historisch mehrfach bezeugten Rüdiger II. Manesse identifizierbar. Und so verwundert es auch nicht, dass ausgerechnet der Name *Rüdiger Manesse* in einem anderen Lied des Hadlaub-Corpus genannt wird. Der Name erscheint dort im Rahmen einer Aufzählung von historisch ebenfalls identifizierbaren Personennamen, wobei der Anfangsbuchstabe des Vornamens Rüdiger durch rote Einfärbung hervorgehoben wird (Bl. 372r, linke Spalte V. 25). Eine solche Hervorhebung ist im gesamten Codex Manesse sonst nicht zu finden.

Wenn man, wie oben dargelegt, davon ausgeht, dass das Hadlaub-Corpus ursprünglich als Abschluss der Sammlung konzipiert worden war, dann lassen sich die auffallende äußere Gestaltung des Namens Rüdiger Manesse sowie das anschließende Loblied auf denselben ganz schlüssig als namentliche Hervorhebung und Auszeichnung des Initiators des Codex Manesse interpretieren. Dem Hadlaub-Corpus käme damit die Funktion zu, die in mittelhochdeutschen Epen der Epilog erfüllt, der des Öfteren den Namen des Dichters und des Auftraggebers preisgibt.

Im Zentrum der ersten beiden oben angeführten Strophen steht das Lob auf die Familie Manesse für ihre sachkundige, auf Vollständigkeit zielende Bemühung um den Sang. Dabei wird einiges zu diesem Gesang gesagt: Man erfährt, dass er in schriftlicher Form vorliegt (I,4) – von Melodien ist nicht die Rede –, was dem melodienlosen Bestand des Codex Manesse entspricht. Über den Inhalt erfährt man, dass es sich um höfische Frauendienst-Lyrik, sogenannten Minnesang, handelt (II,11–12), was wiederum dem Hauptbestand des Codex Manesse entspricht. Auffallend sind dabei die Bezeichnung des Minnesangs als *meister sang* und der Beschäftigung damit als *prv̊ven* (I,5). Die Wörter *meister* und *prv̊ven* verweisen auf den im 14. Jahrhundert aufkommenden bürgerlichen Meistersang, der sich zwar aus dem höfischen Minnesang ableitet, für den es im Unterschied dazu aber bestimmend ist, dass er strengen formalen und inhaltlichen Regeln zu gehorchen hat. Das heißt, das Auswerten des Minnesangs, von dem hier die Rede ist, erscheint im Lichte eines an moderner Kunst orientierten Kunstverständnisses.

Dem entspricht, dass über das Ziel der Unternehmung zwar einerseits gesagt wird, es sei von einem archivarischen Interesse angeleitet (I,12–14); andererseits aber wird der Minnesang als eine lebendige Kunstform dargestellt, deren Vertreter sich am Hof des Manesse dafür verneigen sollen, dass der Sang bei ihm ‹Baum und Wurzeln› habe (I,11). Die Baum-Wurzel-Metapher verweist auf das Verhältnis von Grundlage und Entfaltung des Minnesangs, wodurch dieser zwar als traditionsbehaftete, aber durchaus auch zeitaktuelle Kunstform dargestellt wird. Dies wiederum entspricht der Tatsache, dass im Codex Manesse sowohl die ‹alten› Meister als auch in großer Zahl nachgekommene, zum Teil zeitgenössische Dichter vertreten sind.

Des Weiteren geht aus dem Lied hervor, dass die Pflege der Sangeskunst, wie die Manesse sie betreiben, keinesfalls als selbstlose Unternehmung aufzufassen ist, sondern dass es dabei ganz zentral um deren gesellschaftliche Anerkennung geht. Denn zum einen entspringt die Beschäftigung mit dieser hohen Kunst gemäß der hohen Herkunft der Familie Manesse deren angeborenem Streben nach *ere* (II,9); zum anderen ist sie Ausdruck ebendieser ehrhaften Gesinnung (II,5). Was hier zur Sprache kommt, ist der repräsentative Zweck mittelalterlicher Prachthandschriften, der für die Herstellung des Codex Manesse sicher eine wichtige Triebfeder war.

Das Gönnerlob mündet in Strophe III in ein Frauenlob, das dieselbe gedankliche Pirouette dreht: Die Sangeskunst verdanke ihre Existenz der Schönheit der Frauen, und diese zu loben wiederum sei ihr Ziel. In dieser Engführung von Gönner- und Frauenlob wird der höfische Gestus des Liedes deutlich, in dessen Zentrum die Vorstellung steht, dass die Bewahrung und Neuschöpfung von Minnesang Bestandteil adliger Selbstrepräsentation und -erhöhung sind. Zum höfischen Gestus, in dem über die Manesse und den Minnesang gesprochen wird, passt, dass das städtische Anwesen des Rüdiger Manesse als *hove* (I,9) bezeichnet wird, geradeso als handle es sich dabei um einen bedeutenden Fürstenhof. Eine rückwärtsgewandte, verherrlichende Sicht auf die höfisch-ritterliche Kultur macht sich hier bemerkbar.

Insgesamt passen die Liedaussagen so gut auf den Codex Manesse, dass kaum Zweifel daran bestehen, dass sie sich auch tatsächlich darauf beziehen. Ein Problem allerdings stellt die von Bodmer eins zu eins auf den Codex Manesse bezogene Aussage dar, wonach der Manesse *dü liederbůch* nun beisammenhabe (I,8). Dieser Bezug ist fragwürdig, weil es sich bei *dü liederbůch* (I,8) um einen Plural handelt und somit nicht von einem Liederbuch die Rede ist, sondern von mehreren. An die einstmalige Existenz mehrerer so prachtvoller Minnesang-Handschriften aus der Manessischen Redaktionsstube mag niemand glauben. Stattdessen werden in der Forschung zwei andere Erklärungsmöglichkeiten erwogen. Die eine ist, dass sich die Aussage auf die zweifellos in größerer Zahl vorausgesetzten und zum Teil rekonstruierbaren Vorlagen der Handschrift bezieht – das heißt auf kleinere Heftchen oder Einzelbögen mit den Œuvres bestimmter Autoren. Dabei ist nicht davon auszugehen, dass solche Vorlagen im Besitz der Manesse waren, sondern als Leihgaben zeitweise in deren Redaktionsstube lagen (Kornrumpf 1988, S. 294–296). Die andere Deutungsmöglichkeit ist, dass mit ‹den Liederbüchern› die einzelnen, heftähnlichen Pergamentlagen gemeint sind, auf denen die Autorcorpora eingetragen wurden und die lose existierten, bevor das ehrgeizige Sammelprojekt abgebrochen und die Lagen zum Buch gebunden wurden (Schiendorfer 1990, S. 193).

Unabhängig davon, welche dieser Interpretationen man favorisiert, scheinen sich die Liedaussagen auf den im Entstehen begriffenen Codex Manesse zu beziehen, und das wiederum heißt, dass die Handschrift in Zürich entstanden ist und dass Rüdiger und Johannes Manesse aufs Engste mit ihrer Entstehung verbunden waren. Des Weiteren deuten sie darauf hin, dass der Dichter Johannes Hadlaub im unmittelbaren Umfeld der Familie Manesse zu verorten ist, denn wie sonst erklärte es sich, dass er als deren Lobsänger auftritt und über so detaillierte Einblicke in die Konzeption und Produktion der Handschrift verfügte? Ausgehend von einer Überlegung, die Gottfried Keller in seiner *Hadlaub*-Novelle (1877) angestellt hat, wurde gemutmaßt, Hadlaub selbst könnte der Schreiber gewesen sein, der seine eigenen Lieder zum Zweck eines krönenden Abschlusses mit sorgfältiger Hand eingetragen hat. Nachdem wir heute wissen, dass diese Schreiberhand auch für die roten Bildüberschriften verantwortlich ist, hieße das, dass Johannes Hadlaub an der Gesamtredaktion des Codex beteiligt gewesen wäre. So reizvoll diese Vorstellung sein mag, klären lassen wird sie sich womöglich nie. Die Frage, die sich indes stellt, ist die nach historischen Belegen für eine Verbindung zwischen Johannes Hadlaub und der Familie Manesse.

Historische Verortung: Die Familie Manesse und Johannes Hadlaub

Um 1300 gehörte die Reichsstadt Zürich nicht zum Bündnis der Schweizerischen Eidgenossenschaft, sondern war Bestandteil des habsburgischen Gebiets. Die Führungsschicht der Stadt bestand aus einem vergleichsweise kleinen Zirkel an Ritterbürgern und Patriziern, zu denen neben einigen wenigen anderen Familien der stadtritterliche Teil des weitverzweigten Geschlechts der Manesse gehörte. Einzelne Mitglieder der Familie Manesse waren im Stadtrat vertreten, andere hatten hohe Positionen in kirchlichen Institutionen Zürichs inne, insbesondere am Chorherrenstift des Großmünsters. Rüdiger II. Manesse, der mutmaßliche Liedersammler und Initiator des Codex Manesse, ist über ca. ein halbes Jahrhundert hinweg überaus häufig historisch bezeugt. Ab den 1260er-Jahren war er ungefähr vier Jahrzehnte lang Mitglied des Rats der Stadt Zürich. Spätestens ab Ende der 1270er-Jahre gehörte er dem sogenannten Herbstrat an, dessen Vorsitzender er seit den 1280er-Jahren bis 1302 war. Gestorben ist er nach Angabe des *Großen Jahrzeitbuchs des Großmünsters* von 1338/39 im für die damalige Zeit hohen Alter von 65 bis 70 Jahren am 5. September 1304.

Rüdiger Manesse hatte vier Söhne. Drei von ihnen sind in den letzten Jahrzehnten des 13. Jahrhunderts als Chorherren am

Großmünster bezeugt. Das Großmünster war damals zusammen mit dem adligen Damenstift Fraumünster die größte und bedeutendste geistliche Institution Zürichs (Voetz 2015, S. 57–58). Der Sohn, der in Hadlaubs Lied als Gehilfe seines Vaters beim Liedersammeln erwähnt wird, kann aufgrund des ihm dort zugeschriebenen Amtes des *kusters* zweifelsfrei mit Johannes Manesse identifiziert werden. Beim *kuster* handelt es sich um das – nach dem Probst – wichtigste Amt des Kustos bzw. Schatzmeisters, dem die Verwaltung des Kirchenraums, des Kirchenschatzes und des Vermögens einer Kirche anvertraut waren. Dass Johannes dieses Amt am Großmünster innehatte, belegen historischen Quellen mehrfach. Lothar Voetz (2015) hat dargelegt, dass es ihm wohl seit 1294, spätestens aber seit 1296 zugekommen ist. Wie zwei seiner Brüder hat auch Johannes seinen Vater nicht überlebt, sondern ist, was ebenfalls aus dem *Großen Jahrzeitbuch* von 1338/39 hervorgeht, am 19. Juni 1297 gestorben.

Diese historischen Daten sind in Hinblick auf die Frage nach der Wirkungszeit des Dichters Johannes Hadlaub sowie nach der Datierung des Codex Manesse relevant. Denn die Bezeichnung des Manesse-Sohnes in Hadlaubs Lied als *kuster* (II,1), die auch nach seinem Tod 1297 erfolgt sein kann, und die Darstellung Rüdiger Manesses als lebend (I,4–7) lassen die Entstehung des Liedes auf die Zeit zwischen 1294/1296 (Amtseinsetzung des Johannes Manesse) und den 5. September 1304 (Tod Rüdiger Manesses) eingrenzen. Das wiederum bedeutet, dass Johannes Hadlaub in dieser Zeit als Dichter aktiv gewesen sein muss. Da sein Œuvre zum großen Teil aus Minnesang besteht, haben wir damit, nebenbei bemerkt, einen Beleg dafür, dass die Minnelied-Produktion um 1300 noch im Gange war. Vor allem aber bedeutet es, dass die Arbeit am Codex Manesse zu dieser Zeit wenn auch nicht abgeschlossen, so doch fortgeschritten gewesen sein muss. Zwar sind die entsprechenden Liedaussagen mehrdeutig (vgl. S. 20), aber selbst wenn es sich bei den genannten ‹nun vorliegenden Liederbüchern› (I,8) nicht schon um die fertigen Lagen des Codex Manesse handeln sollte, sondern lediglich um deren Vorlagen, so würde doch zumindest der

Sammelprozess als abgeschlossen dargestellt. Dieser Befund entspricht gegenwärtigen kunsthistorischen und handschriftenkundlichen Einschätzungen, die die Entstehung des Großteils der Handschrift auf die Zeit um 1300 datieren (vgl. S. 26–29).

Die Hinweise darauf, dass Johannes Hadlaub in der Zeit zwischen 1294/1296 und 1304 als Dichter aktiv war, werden dadurch gestützt, dass ein Johannes Hadlaub um diese Zeit in Zürich mehrfach urkundlich bezeugt ist. Zwar wird dieser in keinem der Dokumente als Dichter bezeichnet, was eine letztgültige Identifizierung mit dem Johannes Hadlaub des Codex Manesse verunmöglicht, die Forschung hält es aus verschiedenen Gründen jedoch für wahrscheinlich, dass es sich hierbei tatsächlich um den Dichter handelt.

Eine Urkunde ist in diesem Zusammenhang besonders interessant, da in ihr der Name Johannes Hadlaub im Zusammenhang mit Rüdiger Manesse vorkommt. Aus dieser Urkunde vom 4. Januar 1302 (vgl. *Urkundenbuch der Stadt und Landschaft Zürich* Bd. 7, Nr. 2628) geht hervor, dass Niklas Ochs und seine Frau ihr Haus an einen Johannes Hadlaub verkaufen. Die Lage des von Hadlaub gekauften, heute aber nicht mehr erhaltenen Hauses wird in der Urkunde so genau beschrieben, dass sie sich rekonstruieren lässt. Die Liegenschaft befand sich demzufolge zwischen den Häusern von Jakob Brun (heute Neumarkt 3) und Wernher Vink (heute Eckhaus Neumarkt/Froschaugasse) und damit im politischen und städtebaulichen Zentrum Zürichs um 1300 (Voetz 2015, S. 64). Hier befand sich Hadlaub in unmittelbarer Nachbarschaft von ritterlichen und bürgerlichen Ratsgeschlechtern, was eine vornehme Gegend für einen Dichter war. Dass er bereits vor diesem Hauskauf in einem gewissen Wohlstand gelebt hat, lässt eine andere, um 1293/94 zu datierende Urkunde vermuten, in der seine – nicht namentlich genannte – Ehefrau als steuerpflichtig geführt wird, was bedeutet, dass sie über ein eigenes Vermögen verfügt hat.

In der Hauskauf-Urkunde vom 4. Januar 1302 findet sich nun neben dem Namen Johannes Hadlaubs auch der Rüdiger Manesses. Dieser wird am Ende des Dokuments als erstes der Ratsmitglieder genannt, die den Hausverkauf bezeugen, und damit als deren Vorsitzender. Dass es sich hierbei um Rüdiger II. Manesse handelt, gilt als gesichert. Auf ein möglicherweise wichtiges Detail hat Max Schiendorfer aufmerksam gemacht: Der Rat der Stadt Zürich war damals in drei Amtsperioden pro Jahr aufgeteilt: den Fastenrat, den Sommerrat und den Herbstrat. Jedes Ratsmitglied konnte innerhalb eines Jahres – vom jeweils abtretenden Rat – nur einmal gewählt werden und gehörte somit auch immer nur einem der drei Ratsgremien an. Der Wechsel des Herbstrats, dem Rüdiger Manesse angehörte, auf den Fastenrat erfolgte dabei grundsätzlich nicht mit dem Jahresende, sondern zum 6. Januar. Das heißt, bei den Hadlaubs Hauskauf beurkundenden Ratsherren handelt es sich noch um den Herbstrat des Jahres 1301, wobei das Datum des 4. Januar darauf verweisen könnte, dass ein Interesse daran bestanden haben könnte, diesen noch unter dem Vorsitz Rüdiger Manesses durchzuführen (Schiendorfer 1990). Das wiederum könnte ein Hinweis auf ein Unterstützerverhältnis seitens des Manesse sein, was zu Hadlaubs Stellung im Codex Manesse als dessen Lobsänger passen würde.

Viel mehr als das Gesagte ist über Johannes Hadlaub nicht bekannt. Das Wappen, das ihm im Codex Manesse zugewiesen ist, lässt sich historisch nicht bezeugen. Das überrascht nicht weiter, denn zweifellos war Hadlaub bürgerlicher Herkunft. Das Wappen scheint eher ein Zeichen der Ehrerweisung zu sein, das ihm die Maler/Redaktoren entgegenbrachten. Hadlaubs Todesjahr ist unbekannt, das *Große Jahrzeitbuch des Großmünsters* von 1338/39 gibt als Todestag eines *Johannes genannt Hadlaub* den 16. März an, das Todesjahr wird – was nicht unüblich war – nicht vermerkt. Anzunehmen ist, dass er zwischen 1310 und 1320 gestorben ist.

Neben dem oben vorgestellten Lied enthält Hadlaubs Werk noch zwei weitere Lieder (Bll. 371v–372r/380r–380v), in denen die Namen von historischen Personen erwähnt werden. Dabei handelt es sich um in der damaligen Zeit regional herausragende geistliche und weltliche Persönlichkeiten wie den Konstanzer Bischof Heinrich von Klingenberg († 1306), den Grafen Friedrich von Toggenburg (vermutlich Friedrich IV., † 1315) oder die Fürstäbtissin Elisabeth von Wetzikon († 1298), die als Äbtissin des Fraumünsters zugleich auch – zumindest nominell – die Stadtherrin Zürichs war. Die frühere Forschung hat in dieser Personengruppe einen literarisch interessierten Zirkel – den sogenannten Manesse-Kreis – sehen wollen, in deren Zentrum Rüdiger Manesse gestanden und dessen städtisches Anwesen als kulturelle Begegnungsstätte gedient habe. Sie galt als eine Art Gönner- und Urhebergruppe für die Entstehung des Codex Manesse sowie als primäres Publikum des Minnesängers Johannes Hadlaub. Diese Sicht wird heute nicht mehr geteilt (Voetz 2015, S. 62). Denn erstens ist es merkwürdig, dass keine der genannten Personen aus Rüdiger und Johannes Manesses direktem Umfeld, dem Kreis der wenigen damals führenden Familien der Stadt Zürich, stammen. Zweitens fällt auf, dass sie, anders als es bei Rüdiger und Johannes Manesse der Fall ist, nicht im Zusammenhang mit der Entstehung der Liedsammlung genannt werden, sondern als Helfer des im Gedicht sprechenden Ich erscheinen, die dieses bei seiner Minnewerbung unterstützen. Dies könnte metaphorisch auf ein Gönnerverhältnis verweisen, in dem sie zu Hadlaub standen, es heißt aber noch lange nicht, dass sie etwas mit der Entstehung des Codex Manesse zu tun hatten. Im Gegenteil: Wären sie als Auftraggeber an der Entstehung des Codex Manesse beteiligt gewesen, hätte Hadlaub sie in diesem Zusammenhang nennen müssen.

Man legt heute das Augenmerk auf das oben vorgestellte Lied in Hadlaubs Werk, welches besagt, dass Rüdiger Manesse der alleinige Urheber der in Zürich erfolgten Sammlung von Liedern und der alleinige Erstinitiator des heutigen Codex Manesse war. Dabei unterstützte ihn dann anfänglich wohl sein Sohn Johannes bis zu dessen Tod im Jahr 1297. Weder Rüdiger noch Johannes aber können die Handschrift in dem Zustand, in dem sie heute vorliegt, jemals in Händen gehalten haben. Denn die Arbeit am Codex wurde nach ihrem Tod in mehreren Phasen fortgeführt. Zu dem oder den Initiator(en) dieser späteren Arbeitsphasen ist bis heute nichts bekannt.

Schrift- und Bildmerkmale, Hinweise auf Zürcher Schreiber

Hadlaubs Werk kommt im Hinblick auf die Frage nach dem Entstehungsort des Codex Manesse eine Schlüsselfunktion zu. Das ist aber nicht der einzige Indikator dafür. Im Streit um seinen Entstehungsort, der sich Ende des 19. Jahrhunderts auf die Frage zuspitzte, ob es Zürich oder Konstanz sei, hat Friedrich Vogt (1924) in der Graphie des Codex einen weiteren Hinweis gefunden, der für Zürich spricht: Mittelalterliche Handschriften weisen Schreibkonventionen auf, die die Art und Weise betreffen, wie bestimmte Wörter geschrieben werden. Dafür gab es zu dieser Zeit keine überregionalen Standards, sondern die klösterlichen und weltlichen Schreibzentren bildeten jeweils eigene, zum Teil voneinander abweichende Gepflogenheiten aus. Vogt hat gezeigt, dass der Codex Manesse einige Schreibmerkmale aufweist, die nicht für Konstanzer, sehr wohl aber für Zürcher Handschriften um 1300 typisch sind. Hierzu gehört, dass Wörter wie *keiser*, *bein* oder *stein* konsequent mit *ei* und nicht mit *ai* (also: *kaiser*, *bain*, *stain*) geschrieben werden oder dass für Wörter, die auf *as* enden, das Abkürzungszeichen *c* verwendet wird (also: *dc* für *das*).

Damit lag ein weiterer Hinweis für die Entstehung der Handschrift in Zürich vor. Da unzweifelhaft ist, dass eine Prachthandschrift wie der Codex Manesse von professionellen Schreibern, Buchmalern und Illustratoren hergestellt wurde, begann in der Folgezeit eine intensive Suche nach anderen Zürcher Handschriften, in denen sich die Kräfte, die an der Herstellung des Codex beteiligt waren, erkennen lassen und die damit derselben Schreibstube (Skriptorium) entstammen könnten.

Ein Durchbruch gelang Rudolf Gamper in den 1990er-Jahren (Gamper 1993), indem er ausgerechnet den Schreiber des Hadlaub-Werks, der auch für die in roter Farbe eingetragenen Autornamen über den Bildern des Grundstocks verantwortlich ist, in einer anderen Zürcher Handschrift identifizieren konnte: dem Zürcher Richtebrief.

Mitte des 13. Jahrhunderts wurde in Zürich zum ersten Mal eine Sammlung aller damals geltenden Gesetze angelegt. Bei diesem sogenannten alten Richtebrief, der heute nicht mehr erhalten ist, handelte es sich um eine Pergamentrolle, die bei Bedarf an ihrem Ende erweitert werden konnte. Womöglich lag es daran, dass das Dokument im Laufe der Zeit unübersichtlich geworden war, auf jeden Fall wurde um 1300 im Rat der Stadt Zürich der Beschluss gefasst, den Richtebrief zu überarbeiten und neu zu schreiben. Diese Neuredaktion wurde unter Beteiligung des damaligen Stadtschreibers Nikolaus Mangold im Jahr 1304 fertiggestellt. Das Dokument ist bis heute erhalten. Für unseren Zusammenhang ist nun von Bedeutung, dass dieser Neuausfertigung eine Reihe von weniger repräsentativen Abschriften des alten Zürcher Richtebriefs vorausgegangen sind, die zum Teil ebenfalls erhalten sind. Und bei einer von diesen Abschriften, einer kleinformatigen Handschrift, die zwischen 1298 und 1304 entstanden ist, konnte Gamper nun überzeugend darlegen, dass sie vom selben Schreiber stammt wie die Hadlaub-Einträge im Codex Manesse sowie die rot ausgeführten Überschriften der Bilder des Grundstocks.

Diese Entdeckung bekräftigt die Annahme, dass der Codex Manesse in Zürich unter Beteiligung des stadtritterlichen Ratsherrn Rüdiger Manesse als Mäzen entstanden ist. Denn die Vermutung liegt nahe, dass Rüdiger Manesse der bzw. einer der Auftraggeber dieser Abschrift des Richtebriefs war. Zumindest erscheint es unwahrscheinlich, dass er als Vorsitzender des Züricher Stadtrats um 1300 bei der Vorbereitung der Neuredaktion des Richtebriefs nicht entscheidend mitgewirkt haben soll. Und geradezu unvorstellbar ist es, dass ein Schreiber des vermutlich gleichzeitig im Entstehen begriffenen Codex Manesse den alten Richtebrief ohne Billigung und ohne Wissen Rüdiger Manesses abgeschrieben haben könnte (Voetz 2015). Zur Frage indes, ob dieser Schreiber Johannes Hadlaub war, trägt Gampers Entdeckung nichts bei. Jedoch lenkt sie den Blick bei der Suche nach der Schreibstube, in der der Codex Manesse entstanden sein könnte, auf weltliche Skriptorien.

Schreibmerkmale, eine Schreiberhand sowie das Preislied Johannes Hadlaubs auf Rüdiger und Johannes Manesse liefern Hinweise, dass der Grundstock des Codex Manesse in Zürich um 1300 aufgezeichnet wurde. Weniger greifbare Ergebnisse haben die Versuche erbracht, die schmuckvollen Eingangs- und Stropheninitialen sowie die Autorenbilder aufgrund stilistischer Parallelen zu anderen Bildzeugnissen zu lokalisieren. Der Buchschmuck und die Bilder weisen in ihrer Gestaltung zwar Ähnlichkeiten mit anderen illuminierten Zürcher Handschriften der damaligen Zeit auf; diese Ähnlichkeiten sind jedoch nicht spezifisch genug, um sie als belastbare Belege für eine Lokalisierung der Handschrift in Zürich zu werten. Für die Bilder haben kunsthistorische Untersuchungen ergeben, dass der Grundstockmaler, der 110 der 137 Miniaturen erstellt hat, zum Teil auf eine Formensprache zurückgreift, die auch sonst im alemannischen Gebiet nachweisbar ist. Um eine direkte Anbindung an Zürich zu belegen, müsste es jedoch um 1300 einen klar umreißbaren Zürcher Lokalstil gegeben haben, der sich beispielsweise von parallelen Bildkunstwerken aus Konstanz markant abheben würde. Dies ist jedoch nicht der Fall (Holznagel 1995). Vielmehr bildete der Raum zwischen Elsass und Zürichsee – mit den städtischen Zentren Straßburg, Freiburg, Basel, Konstanz und Zürich – in der Zeit um 1300 eine vom Stil her grundsätzlich zusammengehörige Kunstlandschaft.

Zusätzlich erschwert wird die Lokalisierung und Datierung der Bilder des Codex Manesse dadurch, dass der Grundstockmaler – und in seiner Folge auch die drei Nachtragsmaler – eine für die damalige Zeit einzigartige Technik der Verschmelzung von älteren stilistischen Mustern mit modernen Stilelementen angewandt haben (vgl. Kapitel 4).

Schließlich ist anzumerken, dass sich frühere Versuche, einzelne Bildmotive mit historischen Ereignissen in Zürich und Umgebung zu identifizieren, als nicht haltbar erwiesen haben. Das Einzige, was ausgehend von den Bildern zur Entstehung des Codex Manesse gesagt werden kann, ist, dass die 110 Bilder, die vom Grundstockmaler stammen, um 1300 entstanden sein müssen. Diese kunsthistorische Einschätzung stimmt mit den oben angeführten Datierungshinweisen, die sich aus Hadlaubs Werk ergeben, überein. Für die restlichen 27 Bilder, die von drei Nachtragsmalern stammen, wird angenommen, dass sie in mehreren Etappen zum Teil erst Jahrzehnte später entstanden sind. Da genauere Untersuchungen zu diesen Nachträgen fehlen, können hier jedoch keine verlässlichen Angaben gemacht werden. Die vielerorts zu lesende Zeitangabe, wonach am Codex Manesse über mindestens drei Jahrzehnte hinweg bis in die 1330er- oder gar 1340er-Jahren gearbeitet worden sei, basiert auf Mutmaßungen.

Suche nach der Schreiberwerkstatt

Die Niederschrift der Texte, das Ausmalen der Initialen und das Anfertigen der Bilder von der Vorzeichnung bis zur fertigen Miniatur – das sind Arbeitsschritte, die eine gut funktionierende Schreiberwerkstatt voraussetzen, in der Schreiber, Maler und Illustratoren in dem vermutlich langjährigen Herstellungsprozess zumindest zeitweise parallel gearbeitet haben müssen. Bis heute ist es nicht gelungen, die Schreiberwerkstatt zu identifizieren, in der der Codex Manesse entstanden ist. Das grundsätzliche Problem bei der Erörterung dieser Frage ist, dass es wenig Vergleichsmaterial gibt, da im Zuge der Reformation vieles zerstört wurde. Zürich war intensiv betroffen, da von der zwinglianischen Revolution (Huldrych Zwingli: 1484–1531) eine besonders hohe Zerstörungskraft ausging. Ein Großteil der mittelalterlichen Zürcher Kunstschätze (Bücher, Wandmalereien, sonstiges Schrifttum und anderes mehr) konnte Zwinglis Reformation nicht überdauern. Dadurch ist es heute kaum oder gar nicht mehr möglich, die nur noch in äußerst geringem Ausmaß in Zürich selbst oder an anderen Orten erhaltenen mittelalterlichen Zürcher Handschriften und andere Materialien zuverlässig zu bestimmen und einzuordnen.

Die Tatsache, dass der Schreiber des Hadlaub-Corpus mit einem Zürcher Stadtschreiber identifiziert werden konnte, besagt letztlich nur, dass die an der Herstellung des Codex Manesse beteiligten Kräfte nicht ausschließlich oder noch nicht einmal überwiegend als Buchschreiber oder als Buchmaler tätig gewesen sein mussten, sondern im Bereich des Verwaltungsschrifttums anzusiedeln sein könnten. Diese Spur ließ sich erhärten. Für den

Hauptschreiber, der ca. 80 Prozent der Handschrift verfasst hat, wurde festgestellt, dass sein Schreibstil Züge aufweist, die auch im urkundlichen Schriftwesen zu beobachten sind (Voetz 2015, S. 76). Das könnte darauf hindeuten, dass die Handschrift nicht, wie lange angenommen wurde, in einem klösterlichen Skriptorium entstanden ist, sondern in einem städtischen, in dem das Zürcher Verwaltungsschrifttum angefertigt wurde. Für diese Option spricht, dass Rüdiger Manesse als Ratsmitglied mit dem Stadtwesen aufs Engste verbunden war.

Daneben kommen als Entstehungsort aber weiterhin auch klösterliche Skriptorien in Frage, allen voran das der geistlichen Institution, in die die Familie Manesse eingebunden war: das des Großmünsters. Denn auch im Großmünster gab es ein bestimmtes Aufkommen an zu bewältigendem Verwaltungsschrifttum, für das ein leistungsstarkes Skriptorium vonnöten war. Denkbar ist, dass der Hauptschreiber aus dieser Verwaltung stammt.

Ein Hinweis, der für die Entstehung des Codex Manesse im Bereich des Großmünsters sprechen könnte, ist, dass in einer seiner Seitenkapellen – der Zwölfbotenkapelle – Überreste eines Freskos erhalten sind, über dem eine noch immer lesbare Inschrift (die älteste des Großmünsters) angebracht ist, die Rüdiger Manesse als dessen Stifter nennt und die mit dessen Dotation (Zuwendung zugunsten) des Apostelaltars von 1302/04 in Verbindung steht (Gutscher 1983). Dies ist in mehrfacher Hinsicht interessant: Erstens handelt es sich hier um das einzig sicher datierte Bild Zürichs aus der Manesse-Zeit, das noch dazu gewisse Ähnlichkeiten mit den Abbildungen im Codex Manesse aufweist. Zweitens bringt es die Familie Manesse (gemeint ist wohl Rüdiger III., der Sohn des Initiators des Codex Manesse) mit Kunstförderung in Verbindung, und drittens ist die von Rüdiger Manesse gestiftete Wandmalerei im Bereich des Großmünsters angesiedelt – was indirekt auch für eine Entstehung des Codex Manesse in diesem Kontext sprechen könnte.

Denkbar ist schließlich auch, dass die Handschrift an unterschiedlichen Orten entstanden ist, wofür aber ebenfalls keine konkreten Hinweise vorliegen. Eine zusätzliche Schwierigkeit bei der Suche nach dem Skriptorium besteht nämlich darin, dass man, wie gesagt, bis heute nicht weiß, in wessen Auftrag die nach 1305 zu datierenden Einträge des Codex Manesse entstanden sind. Eine Vermutung ist, es sei Rüdiger V., ein Enkel Rüdiger II. Manesse, gewesen. Auch dieser zu Beginn der 1330er-Jahre verstorbene Rüdiger war zunächst als Chorherr, später dann im Laienstand bis zu seinem Tod dem Großmünster verbunden. Nachforschungen in diese Richtung laufen bislang aber ins Leere.

3. Herstellung und Aufbau des Codex

Es gibt rund 40 mittelhochdeutsche Lyrikhandschriften, von denen über die Hälfte allerdings nur fragmentarisch erhalten ist. Die Überlieferung setzt Ende des 13. Jahrhunderts ein und reicht bis ins 15. Jahrhundert. Bei diesen 40 Überlieferungsträgern handelt es sich um ganz unterschiedliche Handschriftentypen. Neben Handschriften, die – wie der Codex Manesse – die Werke mehrerer Autoren versammeln, gibt es solche, die nur ein Autorcorpus enthalten. Solche Einzelsammlungen sind teilweise zu späteren Zeitpunkten mit anderen Handschriften zusammengebunden worden. Hinzu kommen längere und kürzere Liedeinträge in Handschriften, die im Wesentlichen andere Textsorten enthalten, z. B. in Epik-Handschriften oder in lateinischsprachigen Handschriften.

Mittelalterliche Handschriften werden heute zumeist nach ihrem aktuellen Aufbewahrungsort benannt. Sie sind außerdem mit einer kennzeichnenden Buchstabensigle versehen, wobei Großbuchstaben für Pergament-Handschriften und Kleinbuchstaben für Papierhandschriften stehen. Für den Codex Manesse ergibt sich die Bezeichnung *Große Heidelberger Liederhandschrift* C daraus, dass die Universitätsbibliothek Heidelberg, in deren Besitz er heute ist, über eine weitere, wesentlich kleinere und bilderlose mittelhochdeutsche Liederhandschrift verfügt, die wohl etwas früher zu datieren ist. Diese vermutlich Ende des 13. Jahrhunderts im Elsass entstandene Handschrift wird als *Kleine Heidelberger Liederhandschrift A* bezeichnet. Hinzu kommt die sogenannte *Stuttgarter Liederhandschrift B* (ehemals: *Weingartner Liederhandschrift*; heute in der Württembergischen Landesbibliothek Stuttgart), die ebenfalls um 1300 entstanden ist und aus dem westlichen Bodenseegebiet, eventuell aus Konstanz, stammt. Anders als A sind die Handschriften B und C mit ganzseitigen Autorenbildern versehen.

Bei den Handschriften A, B und C, von denen der Codex Manesse die prachtvollste und umfangreichste ist, handelt es sich um die ältesten deutschsprachigen Lyriksammlungen, die mehr als ein Autorcorpus enthalten. Zum Teil weisen sie inhaltliche Entsprechungen auf, jedoch hat keine der drei Handschriften der anderen als Vorlage gedient. Vergleicht man die gemeinsam überlieferten Texte, zeigt sich allerdings, dass für manche Partien des Codex Manesse dieselben Vorlagen benutzt worden sein müssen wie für Teile der Handschriften A und B. Bei diesen den Handschriften A/C und B/C gemeinsam zugrunde liegenden Vorlagen, die in der Forschung als *AC und *BC bezeichnet werden, handelt es sich nicht um materiell greifbare Größen, sondern um hypothetische Konstrukte. Denn sie sind – genauso wie nahezu alle anderen anzunehmenden Vorlagen von A, B und C – nicht erhalten.

Was den Codex Manesse betrifft, liegen lediglich zwei schlecht erhaltene Pergament-Bruchstücke vor, die in seinem direkten Umfeld zu verorten sind. Beim einen, dem sogenannten Naglerschen Fragment (heute in der Biblioteka Jagiellońska in Krakau [Berol. mgo 125]), handelt es sich um zwei stark beschnittene Einzelblätter, für die Voetz gezeigt hat, dass sie wohl tatsächlich die spärlichen Überreste einer Lyrikhandschrift darstellen, die dem Codex Manesse als direkte Vorlage gedient hat. Das Graphiesystem dieses Fragments weist auf Zürich und Umgebung als Entstehungsort hin (Voetz 2015, S. 85–91). Beim anderen dagegen, dem aus zwei Pergamentdoppelblättern bestehenden sogenannten Troßschen Fragment (heute in der Biblioteka Jagiellońska in Krakau [Berol. mgq 519]), handelt es sich nicht um eine Vorlage, sondern um die Überreste einer im 15. Jahrhundert erstellten Abschrift des Codex Manesse, die aus dem württembergischen bzw. fränkischen Raum stammt.

Das weitgehende Fehlen von Vorlagen, nach denen die mittelalterlichen Schreiber gearbeitet haben, macht es schwierig, Aussagen zum Herstellungsprozess und zur Konzeption der heute noch erhaltenen Lyrikhandschriften zu treffen. Alle Befunde, die hierzu vorliegen, wurden indirekt durch die Analyse der Handschriften erschlossen.

Herstellungsprozess

Mittelalterliche Pergamenthandschriften wurden lagenweise verfasst. Eine Lage besteht aus einer bestimmten Anzahl an Pergamentblättern, die in der Mitte gefaltet wurden, sodass Doppelblätter mit jeweils vier Seiten entstanden. Diese Doppelblätter wurden dann wie bei einem Heft ineinandergelegt. Wenn die Seiten fertig beschriftet und bebildert waren, wurden die Lagen mit einem in der Mitte an der Faltstelle verlaufenden Faden zusammengenäht, wobei die Zahl der Doppelblätter, die zu einer Lage vereint wurden, variieren konnte und auch innerhalb eines Buches nicht einheitlich sein musste. Wenn alle Lagen dann fertiggestellt waren, wurden sie aufeinandergelegt und mit einem Einband, der zumeist aus zwei mit Leder überzogenen Holzdeckeln bestand, versehen. Die Bezeichnung *Codex* für das mittelalterliche Buch verweist (von lat. *caudex*: Holzklotz) auf seine Herstellung mit Holz.

Der großformatige und auf Repräsentation angelegte Codex Manesse (35 × 25 Zentimeter) umfasst 38 Lagen, von denen die meisten ursprünglich Senionen waren, das heißt, aus sechs Doppelblättern bestanden haben. Durch Umarbeitungen bei der Herstellung des Buches, aber auch durch spätere Blattverluste, ist die Sechserzahl nur bei etwa der Hälfte der Lagen erhalten. Die Handschrift umfasst heute 426 Blätter, deren Pergamentqualität nicht immer die beste ist. Die Kostspieligkeit des Buches zeigt sich vielmehr darin, dass bei seiner Herstellung äußerst großzügig mit dem Pergament, das auch in minderer Qualität teuer war, umgegangen wurde. So finden sich – und das ist absolut unüblich für Pergamenthandschriften dieser Zeit – etliche für Nachträge freigelassene leere und halbleere Seiten. Ein üppiger Umgang mit dem Pergament zeigt sich ferner am großzügig gestalteten Schriftspiegel (26 × 17,5 Zentimeter, der zweispaltig mit je 46 Zeilen gefüllt ist). Schätzungen gehen davon aus, dass das Buch ursprünglich einmal stattliche sieben Kilogramm gewogen hat.

Als Vorlage für die Abschrift diente, das gilt heute als gesichert, nicht *eine* Handschrift, sondern eine Vielzahl an kleineren

Heftchen und Einzelbögen, die mit Liedtexten einzelner Dichter beschriftet waren, sowie größere und kleinere Liederbücher, die mehrere Autorcorpora umfassten. Mindestens in einem Fall muss eine illuminierte Handschrift als Vorlage gedient haben. Das entnehmen wir dem Umstand, dass der Codex Manesse und die Stuttgarter Liederhandschrift B einige sehr ähnliche Autorenbilder aufweisen, was darauf hinweist, dass die oben vorgestellte Quelle *BC bebildert war (Schiendorfer 1986, S. 192). Wie bereits gesagt, gehörten diese Vorlagen höchstwahrscheinlich nicht zum Besitz der Familie Manesse, sondern haben temporär als Leihgaben in deren Schreibstube gelagert. Der Grund dafür, dass – bis auf das oben erwähnte Fragment – keine dieser Vorlagen erhalten ist, könnte darin bestehen, dass diese den Handschriften A, B und C vorausgehende Überlieferungsstufe der mittelhochdeutschen Lyrik weniger repräsentativ war und deshalb die Jahrhunderte in den Bibliotheken nicht überdauert hat. Hinweise darauf liefern jüngere Fragmentfunde. Bei der Restaurierung alter Bücher sind wiederholt Pergamentseiten bescheiden ausgestatteter mittelhochdeutscher Liedersammlungen zum Vorschein gekommen, die in späterer Zeit zur Herstellung von Bucheinbänden verwendet worden waren (vgl. z. B. das Budapester-Fragment: Széchény-Nationalbibliothek Cod. Germ. 92).

Diese kleineren und größeren Lyriksammlungen, die als Vorlagen für den Codex Manesse dienten, wurden von mehreren Schreibern, zum Teil wohl über den Zwischenschritt von Vorabschriften auf Wachstafeln, abgeschrieben. Die für Nachträge freigelassenen leeren und halbleeren Seiten wurden zum Teil gefüllt. Solche nachträglich integrierten Textpassagen sind optisch an Veränderungen im Schriftbild zumeist gut erkennbar (z. B. plötzlicher Wechsel der Tintenfarbe, sprunghafter Anstieg der Abbreviaturen, Wechsel der Schreiberhand).

Der Herstellungsprozess der Handschrift lässt sich in unterschiedliche Entstehungsphasen einteilen, wobei gemeinhin zwischen einem Grundstock und mehreren Nachtragsschichten unterschieden wird. Der Grundstock umfasst 110 Autorcorpora und damit ca. 80 Prozent des Gesamtbestands der Handschrift.

Die Miniaturen zu diesen 110 Autorcorpora wurden von einem Maler erstellt, dem sich mindestens drei Gehilfen zuordnen lassen, mit denen er zusammenarbeitete. Die Bilder dieses als ‹Grundstockmaler› bezeichneten Malers lassen sich am einfachsten daran erkennen, dass sie (bis auf eine Ausnahme: Bl. 302r: *Pfeffel*) auf unliniertem Papier stehen, wohingegen die Bildseiten aller Nachtragsmaler liniert sind. Das heißt, die Bildseiten der Nachtragscorpora waren zunächst zur Beschriftung vorgesehen, bevor sie als Miniaturseiten verwendet wurden.

Von diesen 110 Textcorpora stammen – ohne Berücksichtigung einzelner späterer Strophennachträge – 109 von der Hand eines einzigen Schreibers. Dieser wird genauso wie alle anderen an der Herstellung der Handschrift Beteiligten in Ermangelung ihrer Identität mit einem Buchstaben bezeichnet, nämlich als Grundstockschreiber ‹As›. Lediglich das nachweislich ebenfalls zum Grundstock gehörende Hadlaub-Corpus wurde, wie gesagt, von einer anderen Hand eingetragen (Schreiber Ms). Zu den Malern und Schreibern kommen noch Illustratoren, deren Aufgabe es war, die vom Schreiber innerhalb des Schriftspiegels ausgesparten Räume mit farbigen Eingangs- bzw. Stropheninitialen zu versehen. Für 102 der 110 Textcorpora des Grundstocks war – abgesehen von einigen späteren Nachträgen – ein Illustrator (J2) tätig. Lediglich bei acht Corpora stammen die Eingangs- und Stropheninitialen von der Hand eines anderen, als J1 bezeichneten Illustrators. Diese acht Einträge werden in der Forschung als die frühesten Einträge des Codex Manesse angesehen (vgl. S. 41–42). Insgesamt heißt das, dass an der Gestaltung des Grundstocks mindestens acht Personen beteiligt waren: zwei Schreiber, zwei Illustratoren, ein Maler mit mindestens drei Gehilfen.

Der Grundstockschreiber As ist nun aber nicht nur für einen Großteil der Texteinträge verantwortlich, sondern er war auch – wie jüngere graphologische Untersuchungen zeigen – an der Gesamtredaktion maßgeblich beteiligt, indem er das die Handschrift eröffnende Inhaltsverzeichnis angefertigt hat. Das Inhaltsverzeichnis (Bll. 4v–5v) umfasst zweieinhalb Seiten, auf denen die Autornamen durchnummeriert in der Reihenfolge ihres

Erscheinens im Buch untereinander eingetragen sind. Dieses hat der Schreiber As erst nach Abschluss der Niederschrift ‹seiner› Texte angelegt, zum Zeitpunkt nämlich, als die 110 Corpora (also auch das Johannes Hadlaubs) sowie die ersten fünf Nachtragscorpora, die von anderen Händen (Schreiber Bs, Nachtragsmaler NI, Illustrator J4) stammen, vorlagen. Das lässt sich daran erkennen, dass diese fünf Corpora nachträglich in die Sammlung, die der Grundstockschreiber As erstellt hat, eingearbeitet wurden, und zwar – darauf wird später zurückzukommen sein – durch Umarbeitung der Lagen. Es handelt sich hierbei um die Corpora König Wenzel von Böhmen (Bll. 10r–11r), Herzog Heinrich von Breslau (Bll. 11v–12r), Markgraf Otto von Brandenburg (Bll. 13r–14r), Markgraf Heinrich von Meißen (Bll. 14v–15v) und Jakob von Warte (Bll. 46v–47v). Die Integration dieser Corpora war vollzogen, als der Schreiber As das Inhaltsverzeichnis anlegte, denn die fünf Autornamen stehen dort in entsprechend richtiger Reihenfolge. Spätere Nachträge, die in die Sammlung eingegliedert wurden, wurden dann von späteren Schreibern im Inhaltsverzeichnis rechts neben der Spalte notiert. Das dadurch entstandene Nummerierungsproblem wurde so gelöst, dass für die Nachträge jeweils dasselbe Zahlzeichen verwendet wurde wie für die jeweils vorangehende oder nachfolgende Textsammlung. Diese Nummern wurden dann auch innerhalb der Handschrift über den Miniaturen angebracht.

Auffallend ist, dass diese Erstanlage des Inhaltsverzeichnisses nicht, wie man vermuten würde, 115 Namen enthält, sondern lediglich 113. Zwei Corpora, die vom Grundstockschreiber As stammen, sind darin nicht aufgeführt (*Der von Buchein* [Bl. 271r]; *der Taler* [Bl. 303r]). Das ist eine Ungereimtheit, die sich nicht anders erklären lässt, als dass diese beim Eintragen der Namen übersehen worden sind. Einen der Namen hat der Schreiber As selbst nachgetragen, der andere wurde von späterer Hand eingefügt.

Mit der Fertigstellung des Grundstocks (110 Autorcorpora), der Einverleibung der ersten fünf Nachträge sowie der Erstellung des Inhaltsverzeichnisses durch den Schreiber As und den

Illustrator J4 ist eine Zäsur im Entstehungsprozess zu verzeichnen. Denn an diesem Punkt scheiden bis auf den ersten Nachtragsmaler (NI, erste fünf Nachtragscorpora) alle bislang beteiligten Kräfte aus: der Grundstockschreiber (As), der Schreiber des Hadlaub-Corpus (Ms), der Illustrator der mutmaßlich ältesten acht Einträge (J1), der Illustrator, der für die restlichen 102 Corpora des Grundstocks verantwortlich ist (J2), der Illustrator, von dem die ersten fünf Nachtragscorpora sowie die Initialen im Inhaltsverzeichnis stammen (J4), sowie der Grundstockmaler und dessen Gehilfen.

Vom Nachtragsmaler NI stammen noch 15 weitere Miniaturen, deren Œuvres aber zur Zeit der Abfassung des Inhaltsverzeichnisses noch nicht vorhanden gewesen sein können, denn sonst wären sie sicher aufgenommen worden. Dass die am Grundstock beteiligten Hände für die restlichen Einträge nicht mehr nachgewiesen werden können, deutet darauf hin, dass die Arbeit zu diesem Zeitpunkt als abgeschlossen erachtet wurde. Später wurde sie dann wieder aufgenommen, und zwar unter Beteiligung des Nachtragsmalers NI und ansonsten ausschließlich neuer Schreiber, Maler und Illustratoren.

Die 25 Autorcorpora, die dann noch folgten, das lässt sich ebenfalls am Inhaltsverzeichnis ablesen, wurden in mehreren Etappen eingetragen. Dabei wurden sie nicht etwa am Ende der Grundstocksammlung hinzugefügt, sondern in diese eingegliedert. Die Dichternamen stehen im Inhaltsverzeichnis zum Teil rechts neben der Kolumne in zweiter und dritter Reihe. Und genau daran sind sie als spätere Nachträge zu erkennen. Über welchen Zeitraum sich die Arbeit an den Nachträgen erstreckte, ist unbekannt. Die auf kunsthistorischen Einschätzungen beruhende Angabe von 30 bis 40 Jahren ist, wie gesagt, spekulativ. Denkbar ist, dass sie in einem wesentlich kürzeren Zeitraum entstanden sind.

An den Nachträgen beteiligt waren drei Maler, acht Schreiber und drei Illustratoren. Dieser Arbeitsprozess wurde nie wirklich abgeschlossen: Zu drei in der Endphase aufgenommenen Corpora fehlen die zu erwartenden Autorenbilder. Des Weiteren enthält die Handschrift eine im unfertigen Zustand einer Vorstufe belassene Federzeichnung, der weder ein Dichtername noch ein Textcorpus zugeordnet ist. Und in einem Fall wird zwar ein Dichtername angegeben, es fehlen jedoch Autorenbild und Textcorpus. Das heißt, zu einem bestimmten Zeitpunkt wurden die Lagen zum Buch gebunden und dem Arbeitsprozess damit formal ein Ende gesetzt, inhaltlich blieb er aber unabgeschlossen.

Festgehalten werden kann, dass das Buch in mehreren Etappen unter Beteiligung von ca. 20 Personen entstanden ist, von denen keine von Anfang bis Ende beteiligt war. Dabei haben die Beteiligten nicht für sich alleine, sondern miteinander gearbeitet, was sich z. B. an der Gestaltung der Begleittexte zeigt (Voetz 2015, S. 42): Wie gesagt, hat der Grundstockschreiber das Inhaltsverzeichnis (bis und mit den Namen der ersten fünf Nachtragscorpora des Schreibers Bs) erstellt. Vom (bereits in Kapitel 2 erwähnten) Schreiber des Hadlaub-Corpus (Ms) stammen die in roter Farbe über der oberen Rahmenleiste der Bilder eingetragenen Autornamen (und zwar alle des Grundstocks mit Ausnahme des *von Obernburg* [342v]). Zumeist folgt die rote Namenseintragung einer vorgeschriebenen Fassung des Namens, die nicht über dem Bild, sondern über dem Textbeginn steht. Dabei weichen die Namensvorschrift und die rote Namenseintragung über dem Bild in ihrer Wortfolge oftmals stark voneinander ab. Interessant ist nun, dass sich der Grundstockschreiber bei der Erstellung des Inhaltsverzeichnisses nicht an den vorgeschriebenen Fassungen der Namen orientiert, sondern an den Namensformulierungen des Schreibers Ms und diese in identischer Wortfolge (lediglich mit vereinzelten Abweichungen in der Orthografie) ins Inhaltsverzeichnis übernimmt (Salowsky 1989, S. 61–62).

Aufbau des Codex nach Ranghierarchie der Autoren

Ein entscheidender Punkt, der bislang nur angedeutet wurde, ist, dass die Herstellung des Codex Manesse mit einem Umarbeitungsprozess einhergeht. Ab einem gewissen Zeitpunkt haben die Hersteller angefangen, die Autorcorpora umzugruppieren.

Dafür wurden Lagen getrennt, Doppelblätter auseinandergeschnitten und mit anderen Blättern zusammengenäht; Lagen wurden neu zusammengesetzt. Ziel dieses Vorgehens war es, die Dichter nach ihrem sozialen Rang in absteigender Reihenfolge zu präsentieren. Der Codex öffnet mit dem Werk Kaiser Heinrichs, von ihm ausgehend wird die Ständeordnung ‹abgearbeitet›. Dieses hierarchische Anordnungsprinzip ist für die gesamte mittelalterlich-europäische Lyriküberlieferung einmalig, mit einer Ausnahme: der Stuttgarter Liederhandschrift B, die es in Ansätzen aufweist.

Durchgeführt wurden die Umarbeitungen wohl zu der Zeit als der Grundstockschreiber As das Inhaltsverzeichnis anlegte, das heißt, als die 110 Grundstock-Corpora sowie die ersten fünf Nachtragscorpora (Bs/J4/NI) vorgelegen haben. Das ist daran zu erkennen, dass das Inhaltsverzeichnis die Umarbeitungen dieser Lagen zwar allesamt berücksichtigt, indem es die Dichternamen in der richtigen Reihenfolge untereinander aufführt. Zugleich aber enthält es Indizien, die darauf hinweisen, dass der Umarbeitungsprozess während seiner Erstellung noch in Gang war. So steht der in der ersten Zeile eingetragene Name *Kaiser Heinrich* auf Rasur – also auf einer Fläche, wo vormals ein anderer, dann entfernter Text stand –, die in der dritten und vierten Zeile eingetragenen Namen *König Tyro von Schotten* und *König Wenzel von Böhmen* wurden vormals getilgt und später wieder ergänzt; ferner ist zu sehen, dass die Nummerierung der Dichter Korrekturen aufweist. Das alles deutet darauf hin, dass die Redaktoren während der Erstellung des Inhaltsverzeichnisses an der Festlegung einer endgültigen Anordnung des Materials gearbeitet haben, was ihnen offenbar nicht leichtgefallen ist (Holznagel 1995, S. 166).

Die Umgruppierung der Autorcorpora ist zweifellos eine kreative und technisch anspruchsvolle Leistung, die ihresgleichen sucht. Für die Nachwelt macht sie es allerdings äußerst schwierig, den Herstellungsprozess des Codex Manesse zu rekonstruieren und etwas über die Vorlagen, nach denen die Schreiber gearbeitet haben, auszusagen. Denn Œuvres, die auf ein und dieselbe Vorlage zurückgehen, können im Codex an völlig unterschiedlichen Stellen stehen. Manche wurden am Anfang des Buches durch Umarbeitung der Lagen nachträglich eingegliedert, andere wurden auf leerstehenden Seiten hinzugefügt. Das gilt – wie oben schon erwähnt – auch für die 25 Nachtragscorpora. Diese wurden nicht am Ende hinzugefügt, sondern ebenfalls in die bereits bestehenden Lagen eingearbeitet.

Besonders ausgeprägt sind die Umarbeitungen in Bezug auf die acht oben bereits erwähnten Œuvres (ca. 350 Strophen und ein Leich – eine Prunkform der mittelhochdeutschen Sangeskunst) des Grundstockschreibers As, deren Eingangs- und Stropheninitialen von einem, im restlichen Codex nicht nachweisbaren Illustrator (J1) stammen. Dieser Bestand war ursprünglich auf zwei jeweils sechs Doppelblätter umfassende Lagen eingetragen, die durch eine heute noch erkennbare römische Lagenzählung als zusammengehörend markiert sind (Bll. 30v/31r: i^{us} und ij^{us}). Eine solche Lagenzählung kommt im Codex sonst nicht vor. Die beiden Lagen umfassen die Werke Kaiser Heinrichs, der Grafen Rudolf von Neuenburg, Kraft von Toggenburg, Konrad von Kirchberg und Otto von Botenlauben, des Markgrafen von Hohenburg sowie der Herren Heinrich von Veldeke und Gottfried von Neifen.

In der Forschung wird dieser Bestand als ‹Ursammlung› bezeichnet (Kornrumpf 1988). Der Begriff ist problematisch, denn er suggeriert, es handle sich um die ältesten Einträge der Handschrift, was sich jedoch nicht belegen lässt. Als Hinweis auf eine frühere Entstehung dieser Einträge wurde zum einen der Stil des Illustrators J1 angesehen, der, verglichen mit den sonstigen Initialen im Codex Manesse, älter wirkt. Zum anderen wurde die Schrift des Schreibers As in Anschlag gebracht. Diese weist nämlich gegenüber dessen sonstigen Einträgen einige abweichende Merkmale auf, was dahingehend gedeutet wurde, der Schreiber As sei nach der Fertigstellung dieser Einträge erst einmal mit anderen Schreibarbeiten beschäftigt gewesen, die zu einer Veränderung seiner Schreibgewohnheiten geführt hätten. Erst nach einer längeren Pause habe er sich dann wieder der Arbeit am Codex Manesse zugewandt (Kornrumpf 1988). Beide Argumente sind nicht besonders stichhaltig. Denn der in älterer Zeit verhaftete Initialstil des Illustrators J1 korrespondiert mit den für die Bilder des Codex Manesse typischen rückwärtsgewandten Gestaltungsmitteln (vgl. Kapitel 4), er muss daher nichts über die Entstehungszeit der Initialen aussagen, sondern kann schlicht als Teil des künstlerischen Programms angesehen werden. Im Hinblick auf die Schreibkonventionen des Schreibers As sind, auf den gesamten Codex gesehen, mehrfach Veränderungen festzustellen; auf der Basis solcher Abweichungen Schlüsse auf die Schreibchronologie zu ziehen, führt zu Hypothesenbildungen, die sich vor allem dadurch auszeichnen, dass sich die Argumente jeweils auch umdrehen lassen.

Auch wenn also nicht sicher ist, ob die beiden als ‹Ursammlung› bekannten Lagen die frühesten Einträge aufweisen, zeigen die handschriftenkundlichen Untersuchungen doch allemal, dass es sich um eine kompakte, zusammenhängende Sammlung gehandelt hat. Ob die beiden Lagen, wie Gisela Kornrumpf vermutet, ursprünglich eine kleine, eigenständige Sammlung darstellten, ist aufgrund des großen Folio-Formats allerdings fraglich. Denkbar ist auch, dass sie von Beginn an als Bestandteil einer größeren Sammlung gedacht waren. Sicher sagen lässt sich lediglich, dass die beiden Lagen für die Herstellung des ersten Teils des Codex Manesse ein Grundelement dargestellt haben. Im Zuge seiner Herstellung wurden sie aufgetrennt und erweitert, sodass aus der ersten Lage (*i*) zwei wurden, nämlich die heutigen Lagen I und II. Die zweite Lage (*ii*) ist unverändert geblieben, sie stellt die heutige Lage III dar. Ausgehend von diesen drei Lagen, wurde die sogenannte ‹Ursammlung› rekonstruiert; bei ihr beginnend lässt sich der Aufbau der Sammlung nach Ranghierarchie verfolgen.

Die erste Lage (*i*) dieser als ‹Ursammlung› bekannten Sammlung umfasste ursprünglich sieben Dichter. Das Œuvre Heinrichs von Veldeke, das auf dem letzten Blatt der ersten Lage einsetzt, wurde dann auf der zweiten Lage (*ii*) fortgesetzt; anschließend folgt das umfangreiche Œuvre Gottfrieds von Neifen, das den gesamten restlichen Platz dieser zweiten Lage einnimmt. Die Anordnung der Dichter zeigt nun, dass das Gliederungsprinzip nach Ranghierarchie in diesen beiden vom Grundstockschrei-

Graphik I: Rekonstruierte Ursammlungs-Lage *i*

Lage *i*

Blatt	Inhalt	heute
Bl. 1r	*leer*	→ heute Bl. 16
Bl. 1v	*leer*	
Bl. 2r	*leer*	→ heute Bl. 17
Bl. 2v	*leer*	
Bl. 3r	**Kaiser Heinrich**	→ heute Bl. 6
Bl. 3v	**Kaiser Heinrich**	
Bl. 4r	**Graf Rudolf von Neuenburg**	→ heute Bl. 20
Bl. 4v	**Graf Rudolf von Neuenburg**	
Bl. 5r	**Graf Rudolf von Neuenburg**	→ heute Bl. 22
Bl. 5v	**Graf Kraft von Toggenburg**	
Bl. 6r	**Graf Kraft von Toggenburg**	→ heute Bl. 23
Bl. 6v	**Graf Kraft von Toggenburg**	
Bl. 7r	**Graf Konrad von Kirchberg**	→ heute Bl. 24
Bl. 7v	**Graf Konrad von Kirchberg**	
Bl. 8r	*leer*	→ heute Bl. 25
Bl. 8v	*leer*	
Bl. 9r	**Graf Otto von Botenlauben**	→ heute Bl. 27
Bl. 9v	**Graf Otto von Botenlauben**	
Bl. 10r	**Graf Otto von Botenlauben**	→ heute Bl. 28
Bl. 10v	**Graf Otto von Botenlauben**	
Bl. 11r	**Der Markgraf von Hohenburg**	→ heute Bl. 29
Bl. 11v	**Der Markgraf von Hohenburg**	
Bl. 12r	**Herr Heinrich von Veldeke**	→ heute Bl. 30
Bl. 12v	**Herr Heinrich von Veldeke**	

(Rekonstruktion: Kornrumpf 1988/Henkes-Zin 2008)

ber As beschrifteten, heute so nicht mehr existierenden, aber von der Handschriftenkunde rekonstruierten Lagen angelegt ist. Auf den Kaiser folgen Grafen und ein Markgraf, anschließend zwei Herren. Von hier aus können wir noch eine literaturarchäologisch tiefer liegende Überlieferungsschicht erblicken: Diese rekonstruierte erste Lage *i* weist nämlich partielle Übereinstimmungen mit der Stuttgarter Liederhandschrift B auf. Auch dort steht Kaiser Heinrich an der Spitze der Sammlung, und auch dort folgt Graf Rudolf von Neuenburg. Die ganzseitigen Miniaturen, die beide Handschriften zu diesen Autoren aufweisen, entsprechen sich weitgehend. Übereinstimmungen zeigen sich ferner in der Strophenfolge: Alle acht Kaiser-Strophen und die ersten 19 Rudolf-Strophen finden sich in gleicher Folge in beiden Handschriften. Dieser Befund deutet darauf hin, dass die eröffnenden Einträge von C und B auf die gemeinsame Quelle *BC zurückgehen (Henkes-Zin 2008).

Diese Erkenntnis erlaubt einige Rückschlüsse auf die verlorene Vorlage *BC: Sie besagt, dass diese – da sie offenbar als Bildvorlage für B und C gedient hat – bebildert war, und ferner, dass sie mit dem Œuvre Kaiser Heinrichs, auf welches das des Grafen Rudolf von Neuenburg folgte, eröffnet wurde. Dieser Befund ist nun seinerseits signifikant, denn die Anordnung ‹Kaiser – Graf› spricht dafür, dass das ständische Gliederungsprinzip in der Vorlage *BC angelegt war. Ist dem so, heißt das, dass – während die B-Redaktoren es zumindest in seinen Grundzügen bei der Gestaltung der Handschrift berücksichtigt haben – die C-Redaktoren es von dort übernommen und ausgebaut haben.

Die ungewöhnliche Ständegliederung lässt sich am ehesten aus den Interessen eines hochadligen Herrscherhauses erklären. Wenn sie in der verlorenen Vorlage *BC angelegt war, kommt als Auftraggeber dafür zuallererst jemand von einem Hof in Frage, der, geografisch betrachtet, in dem Gebiet zu suchen ist, in dem die drei großen Lyrikhandschriften A, B und C entstanden sind. So gesehen, ist es nicht auszuschließen, dass die Staufer selbst Auftraggeber von *BC waren.

Verherrlichung der Stauferzeit: Kaiser Heinrich, König Konrad der Junge

Insgesamt haben wir es also mit drei mittelhochdeutschen Lyriksammlungen zu tun, die durch das Werk Kaiser Heinrichs eröffnet werden bzw. wurden: C und B sowie höchstwahrscheinlich auch deren nicht erhaltene Vorlage *BC. Der Name ‹Heinrich› in Verbindung mit dem Titel ‹Kaiser› verweist auf die historische Person Kaiser Heinrichs VI. (1165–1197), des zweiten staufischen Kaisers. Heinrich, der bereits als Dreijähriger zum deutschen König (1169) gewählt wurde, trat 1191 nach dem Tod seines Vaters Kaiser Friedrich I. Barbarossa († 1190) dessen Nachfolge an. Ob er tatsächlich der Autor des ihm zugeordneten Œuvres ist, ist umstritten. Stilgeschichtliche Untersuchungen verweisen auf das letzte Drittel des 12. Jahrhunderts als dessen Entstehungszeit, was zu Heinrichs VI. Lebensdaten passen würde. Mutmaßungen gehen dahin, die Lieder seien vor seiner Kaiserkrönung entstanden. Als Inspirationsquelle dafür kommt das 1184 von Friedrich I. Barbarossa ausgerichtete Mainzer Hoffest in Frage. Dieses herausragende Fest jener Zeit, an dem Heinrich zusammen mit seinem jüngeren Bruder Friedrich zum Ritter geschlagen wurde, wird von Dichtern wie Heinrich von Veldeke und dem französischen Troubadour Guiot de Provins gerühmt. Es ist anzunehmen, dass jene dort anwesend waren und Heinrich mit deren Vortragskunst in Berührung kam.

Eine andere Möglichkeit ist, dass die Sammlung zunächst anonym vorgelegen hat und die Überschrift ‹Kaiser Heinrich› eine auf die Überlieferung zurückgehende Hinzudichtung ist. Dafür spricht, dass der Name mit dem in den Liedern evozierten Bild des Autors als eines übermächtigen Herrschers korrespondiert. Er könnte aus dem Werk motiviert sein.

Von der Frage nach der Autorschaft unberührt ist, dass durch die Eröffnung des Codex mit einem Kaiser Heinrich zugesprochenen Liedcorpus eine bestimmte Wirkung erzielt wird. Nicht nur erfährt die Liedkunst dadurch, dass der höchste Regent als einer ihrer Produzenten erscheint, eine ungeheure Aufwertung, sondern umgekehrt auch die Stauferzeit. Denn die Herstellung eines repräsentativen Codex, der mit den Worten eines prominenten Staufers anhebt, zu Beginn des 14. Jahrhunderts, als deren Vorherrschaft schon lange vorbei war, bedeutet eine nachträgliche Würdigung dieser Epoche.

Das Autorenbild (Abb. 1) steht ganz im Zeichen solch glorifizierender Herrscherdarstellung. Es zeigt den Kaiser – in einer bis in die Antike zurückreichenden Bildtradition – in frontaler Ansicht auf einem durch ein Podium erhöhten Thronsessel sitzend. Als Herrscherinsignien fungieren die Laubkrone, das Lilienzepter sowie das Schwert, das auf die Macht des Kaisers als obersten Gerichts- und Lehnsherrn verweist. Hinzu kommen Helmzier und Wappen, die den schwarzen Reichsadler auf goldenem Grund zeigen. Dabei dürfte es sich um eine auf die Hersteller des Codex Manesse zurückgehende Hinzufügung handeln. Denn obwohl die vorliegende Kaiser-Heinrich-Miniatur derjenigen der Stuttgarter Liederhandschrift B weitgehend entspricht, fehlen dort Wappen und Helmzier. Auffallend ist des Weiteren, dass der Kaiser – das wiederum entspricht der B-Miniatur – anstelle des vielleicht zu erwartenden Reichsapfels in der linken Hand ein leeres Schriftband hält. Dieses charakterisiert ihn in seiner besonderen Funktion als Dichter (vgl. Kapitel 4).

Aufsehenerregend innerhalb des lediglich drei Minnelieder (acht Strophen) umfassenden Corpus Kaiser Heinrichs ist vor allem das erste Lied. Zum einen lässt sich diesem dadurch, dass es nicht nur das Kaiser-Corpus, sondern zugleich den gesamten Codex eröffnet, eine programmatische Funktion für die Handschrift zusprechen. Zum anderen evoziert es die Vorstellung, hier spreche der Kaiser höchstpersönlich, was insbesondere der früheren Forschung als Argument für die Autorschaft Heinrichs VI. gedient hat:

Kaiser Heinrich (Bl. 6v)

Ich gruͤze mit gesange die suͤzen.
die ich vermiden niht wil noch enmac
do ich si von munde rehte mohte gruͤzen
ach leides des ist manig tag.
swer nu disü liet singe vor ir.
der ich so gar unsenfteclich enbir.
es si wib oder man der habe si gegruͤzet von mir. (I)

Mir sint dü rich und dü lant undertan.
swenne ich bi der minneclichen bin.
unde swenne ich gescheide von dan.

so ist mir aller min gewalt und min richtům da hin.
wan senden kumber den zelle ich mir danne ze habe.
sus kann ich an freuden stigen uf und ouch abe.
und bringe den wehsel als ich wenne dur ir liebe ze grabe. (II)

Sit das ich si so gar herzeclichen minne.
und si ane wenken zallen ziten trage.
beide in herze und ouch in sinne.
under wilent mit vil maniger clage.
was git mir dar umbe dü libe zelone.
da bütet si mirs so rehte schone.
e ich mich ir verzige ich verzige mih e der crone. (III)

Er sündet swer des niht gelŏbet.
das ich mŏhte geleben manigen lieben tag.
ob ioch niemer crone kemme uf min hŏbet.
des ich mich ân si niht vermezzen mag.
verlur ich si was het ich danne.
da tohte ich ze freuden weder wiben noh manne.
und wer min bester trost beide zeâhte und zebanne. (IV)

(I) Ich grüße mit Gesang die Süße, / die ich weder meiden will noch kann. / Einst vermochte ich sie persönlich zu grüßen, / doch – oh weh – das ist lange her. / Wer nun dieses Lied singt für sie, / die ich so schmerzlich vermisse, / – sei es Frau oder Mann –, der grüße sie damit von mir. (II) Mir sind die Reiche und Länder untertan. / Wenn ich bei der Liebsten bin / und dann wieder fort muss, / sind all meine Macht und mein Reichtum dahin. / Nichts als sehnsuchtsvollen Kummer zähle ich dann zu meinem Gut. / So steige ich an Freuden auf und wieder ab / und vollziehe diesen Wechsel – wie ich glaube – um ihrer Liebe willen bis zum Tod. (III) / Nun, da ich sie so herzlich liebe / und sie, ohne zu wanken, jederzeit / sowohl im Herzen als auch in meinen Gedanken trage, / bisweilen mit großer Klage – / was gibt mir die Geliebte dafür zum Lohn? / Sie bietet mir dafür etwas sehr Schönes. / Ehe ich auf sie verzichte, verzichte ich auf die Krone. (IV) Derjenige versündigt sich, der nicht glaubt, / dass ich so manchen lieben Tag leben könnte, / auch wenn die Krone nie auf mein Haupt gekommen wäre. / Zu dieser Aussage (wörtlich: ‹Dessen›) würde ich mich ohne sie nicht erkühnen. / Verlöre ich sie, was bliebe mir dann? / Dann würde ich weder Frauen noch Männern zur Freude taugen, / und mein ganzer Trost wäre geächtet und gebannt.

Das Lied hebt mit einer Art Intro an, das der Produktion von Minneliedern eine bestimmte mediale und gesellschaftliche Funktion zuschreibt: Das lyrische Ich, ein Liebender, für den seine Geliebte unerreichbar ist, sucht die Distanz zu ihr zu überbrücken, indem er alle, die sein Lied vernehmen, dazu auffordert, ihr dieses vorzutragen und sie damit von ihm zu grüßen (I,5–7). Angesprochen wird hier ein zentrales Thema des Minnesangs, nämlich die Lobpreisung der Frau mittels Gesang; darüber hinaus wird den Rezipient*innen dieses Gesangs eine ganz bestimmte Funktion zugewiesen, nämlich die als dessen Übermittler. Dadurch, dass die Strophe am Anfang des Hunderte von Minneliedern umfassenden Codex Manesse steht, nehmen ihre Aussagen übergeordnete Bedeutung an: Im Kontext der Sammlung erscheint der gesangliche Gruß nicht mehr nur als Lobpreis einer bestimmten Frau, sondern aller Frauen und darüber hinaus auch all jener, die an der Bewahrung und Verbreitung dieser Kunstform Anteil haben. Das den Codex eröffnende Lied korrespondiert damit mit dem ursprünglich wohl als Abschluss der Sammlung gedachten Preislied auf Rüdiger und Johannes Manesse (*Hadlaub*-Corpus), in welchem das Frauenlob mit einer Huldigung der Förderer und Bewahrer des Minnesangs verbunden wird (vgl. Kapitel 2).

Ein anderer Aspekt dieser ersten Strophe ist, dass, indem der Sprecher die Rezipient*innen um Übermittlung seiner gesanglichen Liebesbotschaft an die Geliebte bittet, das Minnelied als authentisches Liebesbekenntnis des Autors erscheint. Und da dieses Ich in den anschließenden drei Strophen als hochdekorierter Herrscher dargestellt wird (III), liegt der Schluss nahe, es handle sich beim Autor dieses Liedes tatsächlich um einen Fürsten – im Zweifelsfall eben um Kaiser Heinrich VI. Diese Interpretation ist allerdings zu hinterfragen, und zwar allein deshalb schon, weil die Koppelung von Minneglück und Macht bzw. Minneleid und Armut, wie sie in Strophe II vorkommt, topisch ist. Sie fasst die Grundkonstellation des ‹hohen› Minnesangs – die totale emotionale Bindung des Mannes an eine Frau – in ein einprägsames Bild. Solche Aussagen finden sich auch bei anderen mittelhochdeutschen Dichtern mehrfach.

Die Würdigung der Stauferzeit durch die Eröffnung des Codex Manesse mit Kaiser Heinrich wird – anders als es in Handschrift B der Fall ist – durch das an zweiter Stelle befindliche Corpus fortgesetzt. Denn auch dieses trägt den Namen eines prominenten Vertreters der Stauferdynastie: *König Konrad der Junge* (Bl. 7r). Das Corpus wurde bei der Herstellung des Codex in die erste Lage eingearbeitet. Gegenüber der ‹Ursammlung› bedeutet diese Erweiterung eine Differenzierung des Ständeprinzips: Denn auf den Kaiser folgt im fertigen Buch kein Graf, sondern ein König. Der Name und das in der Miniatur abgebildete Wappen verweisen auf die historische Person König Konradins (1252–1268), der ein Enkel Kaiser Friedrichs II. und der letzte legitime männliche Erbe der Stauferdynastie war (Abb. 3). Konradin wurde 1268 im Alter von 16 Jahren in Neapel hingerichtet; sein Tod wird in Gedichten und Chroniken vielfach beklagt. Das Wappen, das ein schwarzes (ehemals silbernes) Kleeblattkreuz auf Goldgrund zeigt, dürfte auf Konradins ererbten Titel eines Königs von Jerusalem zurückgehen (Schweikle 1981).

Auch bei Konradin ist unklar, inwiefern er tatsächlich der Verfasser des lediglich fünf Strophen umfassenden Œuvres ist. Davon unbenommen aber ist, dass durch die Frontstellung zweier prominenter Staufer das schwäbische Adelsgeschlecht, das die Zeit von 1138 bis in die Mitte des 13. Jahrhunderts prägte, im Codex Manesse in besonderer Weise hervorgehoben wird. Die Handschrift ehrt die Stauferzeit und mit ihr die Zeit der höfisch-ritterlichen Kultur. Dieser Ausrichtung entspricht die höfisierend-verherrlichende Darstellung Rüdiger Manesses in Hadlaubs Preislied.

Binnenstrukturierung des Codex

Die erste Ursammlungs-Lage *i* wurde, wie gesagt, nach und nach erweitert und schließlich aufgelöst, sodass sich ihr Bestand heute auf die ersten beiden Lagen des Codex verteilt (Graphik 2, 3). Die heute erste Lage (I) ist ein Flickwerk, das aus der Lage *i* lediglich das eröffnende Corpus Kaiser Heinrichs enthält. Es folgen hochrangige Dichter – Könige, Herzöge, Markgrafen –, die vom Grundstockschreiber As sowie vom ersten Nachtragsschreiber Bs eingetragen wurden, wobei die Bs-Einträge auf nachträglich eingelegten Einzelblättern stehen, die im Falle von Bll. 12 und 13 mit roten Seidenfäden an schon von As geschriebene Blätter angenäht wurden. Die zweite Lage (II) enthält die restlichen Blätter der Lage *i* sowie einige Ergänzungen.

Die Aufspaltung der Lage *i* in die beiden Lagen I und II geht, wie gesagt, mit einer Ausdifferenzierung des Anordnungsprinzips nach Ranghierarchie einher: Zu Kaiser, Markgraf, Grafen und Herren treten nun Könige und Herzöge. Im Rest der Sammlung folgt dann auf die Grafen eine große Gruppe von Herren, die viele Namen enthält, die auf Mitglieder des Adels oder auf Ministerialen hindeuten. Im letzten Teil schließlich finden sich Namensbezeichnungen ohne Titel wie der *Taler*, der *Hardegger* oder der *Püller*, die keine Adligen mehr bezeichnen. Hinzu kommen zwei Autoren, die als Geistliche tituliert sind (*Bruder Eberhard von Sax* [48v–49v], *Bruder Wernher* [344v–347v]), sowie einige, die den Namenszusatz ‹Meister› aufweisen (z.B. *Meister Gottfried von Straßburg* [364r–367r]), wobei es sich hier nicht um eine Standes-, sondern um eine Ehrenbezeichnung handelt, die auf die gelehrte Bildung des Autors (seinen Status als *magister*) oder zumindest auf dessen herausragende dichterische Fähigkeiten verweist.

Dass der Codex Manesse nach dem Prinzip der Ständehierarchie aufgebaut ist, ist unumstritten, für Diskussionen sorgt allerdings, dass dieses an etlichen Stellen Ungenauigkeiten aufweist. Zu sehen sind solche bereits in der rekonstruierten Ursammlungs-Lage *i*: Hier steht der nach mittelalterlicher Ständeordnung hö-

Graphik 2: Erste Lage des Codex Manesse

Lage I

Blatt	Inhalt
Bl. 4r	leer
Bl. 4v	*Inhaltsverzeichnis*
Bl. 5r	*Inhaltsverzeichnis*
Bl. 5v	*Inhaltsverzeichnis*
Bl. 6r	**Kaiser Heinrich**
Bl. 6v	**Kaiser Heinrich**
Bl. 7r	*König Konrad der Junge (As, J2)*
Bl. 7v	*König Konrad der Junge (As, J2)*
Bl. 8r	*König Tyro von Schotten (As, J2)*
Bl. 8v	*König Tyro von Schotten (As, J2)*
Bl. 9r	*König Tyro von Schotten (As, J2)*
Bl. 9v	*König Tyro von Schotten (As, J2)*
Bl. 10r	*König Wenzel von Böhmen (Nachtrag Bs, J4)*
Bl. 10v	*König Wenzel von Böhmen (Nachtrag Bs, J4)*
Bl. 11r	*König Wenzel von Böhmen (Nachtrag Bs, J4)*
Bl. 11v	*Herzog Heinrich von Breslau (Nachtrag Bs, J4)*
Bl. 12r	*Herzog Heinrich von Breslau (Nachtrag Bs, J4)*
Bl. 12v	leer
Bl. 13r	*Markgraf Otto von Brandenburg (Nachtrag Bs, J4)*
Bl. 13v	*Markgraf Otto von Brandenburg (Nachtrag Bs, J4)*
Bl. 14r	*Markgraf Otto von Brandenburg (Nachtrag Bs, J4)*
Bl. 14v	*Markgraf Heinrich von Meißen (Nachtrag Bs, J4)*
Bl. 15r	*Markgraf Heinrich von Meißen (Nachtrag Bs, J4)*
Bl. 15v	*Markgraf Heinrich von Meißen (Nachtrag Bs, J4)*

fett: Autoren der ‹Ursammlung›
kursiv: in die ‹Ursammlung› eingearbeitete Autoren
(Darstellung: Henkes-Zin 2008)

herrangige Markgraf von Hohenburg hinter einer Gruppe von Grafen (vgl. Graphik 1). Bei der Umarbeitung der Lage wurde dieser ‹Fehler› dann nicht korrigiert, sondern beibehalten (vgl. Graphik 2). Solche Inkonsequenzen wurden in der Forschung bislang eher pauschal mit herstellungstechnischen Gründen zu erklären versucht. Seit aber bekannt ist, wie die Pergamentdoppelblätter und Lagen ursprünglich beschaffen waren, besteht die Möglichkeit, das Problem aus einer codicologisch fundierten Perspektive zu beleuchten: Denn wenn man weiß, dass ein Autorcorpus nachträglich an einer bestimmten Stelle eingearbeitet wurde, lässt sich fragen, warum dies der Fall ist. Das ist ein Potenzial, das in der Forschung bislang nicht annähernd ausgeschöpft wurde.

Stichprobenartige Untersuchungen in diese Richtung deuten darauf hin, dass die Redakteure bei der Anordnung der Autorcorpora neben dem Prinzip der Ranghierarchie noch andere Kriterien berücksichtigt haben. Ein Beispiel dafür sind die beiden Markgrafen Otto von Brandenburg (Bll. 13r–14r) und Heinrich von Meißen (Bll. 14v–15v), die vor dem Herzog von Anhalt (Bl. 17r–17v) stehen und bei denen sich die Frage stellt, warum sie nicht an späterer Stelle hinter den Herzögen eingefügt wurden. Der codicologische Befund besagt, dass sowohl die beiden Markgrafen als auch der Herzog nachträglich eingearbeitet wurden: Der Herzog von Anhalt wurde vom Grundstockschreiber auf einem ehemals leeren Doppelblatt der Ursammlungs-Lage *i* nachgetragen (heute: Bl. 17r, Beginn der Lage II). Die beiden Markgrafen wiederum gehören zusammen mit den ihnen unmittelbar vorausgehenden Corpora Herzog Heinrichs von Breslau (Bll. 11v–12r) und König Wenzels von Böhmen (Bll. 10r–11r) zu den Einträgen des ersten Nachtragsschreibers Bs, die durch Umarbeitung der Lage eingefügt wurden. Die Reihung ist somit nicht zufällig, sondern Ergebnis einer Bemühung.

Bezieht man nun historische Informationen zu diesen Autornamen ein, fängt der Befund an zu ‹schillern›. Zwar sind diese nicht eindeutig mit historischen Personen identifizierbar, doch sie verweisen auf historisch belegte Adelsfamilien. In der Forschung vorgeschlagene Zuordnungen sind König Wenzel II. von Böhmen (1271–1305) (Wachinger 1999), Herzog Heinrich IV. von Schlesien-Breslau (1270–1290) (Worstbrock 1981), Markgraf Otto IV. von Brandenburg (ca. 1238–1308) (Glier 1989), Markgraf Heinrich III. von Meißen (1218–1288) (Mertens 1981) und Graf Heinrich I. von Anhalt (um 1170–1251/52) (Mertens 1981). Dabei zeigt sich, dass diese – und das ist nun das Interessante – allesamt dem ostmitteldeutschen Sprachraum zuzuordnen sind und dass zwischen ihnen zum Teil Verwandt-

Graphik 3: Zweite Lage des Codex Manesse

Lage II

Bl. 16r *leer*
Bl. 16v *leer*
Bl. 17r *Der Herzog von Anhalt (As, J2)*
Bl. 17v *Der Herzog von Anhalt (As, J2)*
Bl. 18r *Herzog Johann von Brabant (As, J2)*
Bl. 18v *Herzog Johann von Brabant (As, J2)*
Bl. 19r *Herzog Johann von Brabant (As, J2)*
Bl. 19v *leer*
Bl. 20r **Graf Rudolf von Neuenburg**
Bl. 20v **Graf Rudolf von Neuenburg**
Bl. 21r *Graf Rudolf von Fenis-Neuenburg (As, J2)*
Bl. 21v *leer*
Bl. 22r **Graf Rudolf von Neuenburg**
Bl. 22v **Graf Kraft von Toggenburg**
Bl. 23r **Graf Kraft von Toggenburg**
Bl. 23v **Graf Kraft von Toggenburg**
Bl. 24r **Graf Konrad von Kirchberg**
Bl. 24v **Graf Konrad von Kirchberg** (Str. 3/4 = J2)
Bl. 25r *Graf Konrad von Kirchberg (As, J2)*
Bl. 25v *leer*
Bl. 26r *Graf Friedrich von Leiningen (As, J2)*
Bl. 26v *Graf Friedrich von Leiningen (As, J2)*
Bl. 27r **Graf Otto von Botenlauben**
Bl. 27v **Graf Otto von Botenlauben**
Bl. 28r **Graf Otto von Botenlauben**
Bl. 28r **Graf Otto von Botenlauben**
Bl. 29r **Der Markgraf von Hohenburg**
Bl. 29v **Der Markgraf von Hohenburg**
Bl. 30r **Herr Heinrich von Veldeke**
Bl. 30v **Herr Heinrich von Veldeke**

fett: Autoren der ‹Ursammlung›
kursiv: in die ‹Ursammlung› eingearbeitete Autoren
(Darstellung: Henkes-Zin 2008)

schaftsbeziehungen bestehen. Markgraf Otto IV. von Brandenburg war ein Cousin Ottos V. von Brandenburg, der wiederum ein Onkel und Vormund Wenzels II. von Böhmen war. Markgraf Heinrich III. von Meißen wiederum war Neffe Heinrichs I. von Anhalt und Schwager Wenzels II. von Böhmen.

Dieser Befund deutet darauf hin, dass für die Anordnung der Autorcorpora neben dem Prinzip der Ranghierarchie die Provenienz der Autoren bestimmend war. Denn geschichtlich betrachtet, gehören die Markgrafen Otto von Brandenburg und Heinrich von Meißen in die Nähe König Wenzels von Böhmen und der beiden Herzöge von Anhalt und von Breslau – und genau dort wurden sie auch eingearbeitet.

4. Die Autorenbilder

Die Ordnung der Texte nach Autoren findet man neben dem Codex Manesse auch in anderen mittelhochdeutschen Liederhandschriften, jedoch enthält neben C nur eine vollständig erhaltene auch Bilder. Hierbei handelt es sich um die bereits erwähnte Stuttgarter Liederhandschrift B. Die 23 ganzseitigen und zwei halbseitigen Autorenbilder der Handschrift B sind den C-Miniaturen teils sehr ähnlich, insgesamt wirken sie jedoch stereotyper als diese. Dasselbe gilt für die restlichen, in drei Handschriftenfragmenten erhaltenen Autorenbilder (vgl. Naglersches Fragment [um 1300, alemannischer Sprachraum], Troßches Fragment [15. Jh., württembergischer bzw. fränkischer Raum], Budapester Fragment [Ende 13. Jh., bayerisch-österreichischer Raum]).

Auffallend ist, dass diese fünf bebilderten Handschriften nicht nur demselben Illustrationstyp verpflichtet sind und in ihrer äußeren Anlage etliche Übereinstimmungen aufweisen, sondern zudem wohl auch überlieferungsgeschichtlich eng zusammenhängen (Voetz 1988, S. 245–252). Der südwestdeutsche Sprachraum, dem sie (mit Ausnahme des Budapester Fragments) entstammen, gibt sich damit als ein Schwerpunkt bebilderter Liederhandschriften zu erkennen – im Unterschied zum restlichen deutschen Sprachraum, für den solche nahezu unbezeugt sind.

Die Bilder dieser Handschriften sind nicht nur schmückendes Beiwerk, sondern funktionaler Bestandteil ihrer Gesamtkonzeption: Sie stellen den Autor der jeweils nachfolgenden Textsammlung dar und bieten dem Rezipienten damit eine Orientierungshilfe, indem sie den Textbestand in eine klare Abfolge von separaten Untereinheiten unterteilen und den Autornamen mit einem einprägsamen Bild verknüpfen. Des Weiteren erhöhen sie mit ihren farbenprächtigen Darstellungen des höfischen Lebens

(Turnierkampf, Beizjagd, Fest usw.) den Repräsentationswert der Handschrift.

Vorlagen, Inspirationsquellen

Der Typus des Autorenbilds hat eine Tradition, die bis in die Antike zurückreicht. Im Mittelalter ist es vor allem in Form der sogenannten Evangelistenbilder vertreten, die den jeweiligen Evangelisten zumeist beim Aufschreiben des Evangeliums zeigen (Vetter 1981, S. 68). Dass der Typus des schreibenden Evangelisten als unmittelbares Vorbild für die Autorenbilder des Codex Manesse und anderer mittelhochdeutscher Lyrikhandschriften gedient hat, ist jedoch eher unwahrscheinlich. Denn anders als die Evangelisten werden die profanen Minnedichter in den erhaltenen Abbildungen nicht als Schreibende dargestellt (Voetz 2015, S. 33). Eine vermittelnde Funktion für die weltliche Buchmalerei könnten indes Urkundensammlungen in Form von sogenannten Kopialbüchern gehabt haben. Hier finden sich gelegentlich durch Rahmen eingegrenzte kleine Bilder, die den Aussteller einer Urkunde (Papst, Kaiser, Könige, Herzöge und Bischöfe) allein oder zusammen mit dem Empfänger darstellen (Voetz 2015, S. 33). Analog zu den Abbildungen der Minnedichter besteht hier eine illustrative Beziehung zwischen dem Urheber des Textes und der Verlautbarung ebendieses Textes.

Fragt man nach konkreten Bildquellen des Codex Manesse, rücken die oben vorgestellten, diesem vorausgehenden bebilderten Liederhandschriften in den Blick. Das ist zum einen die nicht erhaltene, durch den Vergleich von B und C rekonstruierte Quelle *BC und zum anderen das erst in jüngerer Zeit in der Biblioteka Jagiellońska in Krakau wiederentdeckte, zwei Einzelblätter umfassende Naglersche Fragment [Berol. mgo 125], bei dem es sich wohl um den einzigen erhaltenen Überrest einer direkten Vorlage des Codex Manesse handelt (vgl. Kapitel 3). In der Forschung wird, ausgehend vom Vergleich der Bilder in den Handschriften B und C, schon seit langem vermutet, dass den Malern des Codex Manesse zumindest für manche Bilder ältere Vorlagen aus zeitlich vorausgehenden bebilderten Lyrikhandschriften gedient haben (Vetter 1981, S. 59–62). Diese Vermutung bestätigt sich nun anhand des Naglerschen Fragments. Denn dieses enthält ein ganzseitiges Autorenbild, das im Vergleich mit der entsprechenden C-Miniatur (Bl. 70v: *her heinrich von stretelingen*) zwar – genau wie es bei den Bildern der Handschrift B der Fall ist – schematischer wirkt als jene, das in der Bild- und Motivgestaltung aber so weitreichende Übereinstimmungen damit aufweist, dass seine Vorlagenfunktion für die C-Miniatur offensichtlich wird (Voetz 2015, S. 85–87).

Das wiederum heißt jedoch nicht, dass die Abbildung im Naglerschen Fragment eine Erfindung des Malers dieser Handschrift wäre; vielmehr ist davon auszugehen, dass diese ihrerseits auf eine ältere Vorlage zurückgeht.

Andere bildkünstlerische Darstellungen, die für den Codex Manesse als Quellen in Erwägung gezogen werden, finden sich im Bereich der Epenillustration (insbesondere der Münchner Handschrift des *Willehalm von Orlens* [Cgm. 63]), der Monats- und Tierkreisbilder (vor allem für die Darstellung von ländlichen Szenerien) sowie der plastischen Kunst (Glasmalerei, Skulptur, Relief). Eine direkte Beeinflussung durch französische Liederhandschriften ist dagegen eher unwahrscheinlich, zumal die heute erhaltenen keine ganzseitigen Autorenbilder aufweisen, sondern lediglich illustrierte Initialen und Marginalminiaturen (Vetter 1981, S. 64–65).

Auch wenn für den Codex Manesse mit dem Autorenbild im Naglerschen Fragment eine direkte Bildvorlage ausgemacht werden kann, wäre es doch falsch, die C-Miniaturen als bloße Nachahmungen älterer Vorlagen aufzufassen. Kunsthistorische Untersuchungen zeigen, dass diese hinsichtlich ihres Stils und ihrer Motive in einer für die damalige Zeit einzigartigen Technik der Verschmelzung von älteren stilistischen Mustern mit modernen Stilelementen entstanden sind. Demzufolge haben die Maler ältere Grundelemente (vor allem aus der elsässisch-oberrheinischen Tradition der 70er- und 80er-Jahre des 13. Jh.s) mit neuesten Elementen ihrer Zeit kombiniert (Saumra-Jeltsch 1988). Diese Technik der Verschmelzung von Verschiedenartigem könnte daraus entstanden sein, dass eben bei weitem nicht für alle, sondern lediglich für einen kleinen Teil der Bilder ältere Vorlagen zur Verfügung gestanden haben, was wiederum bedeutet, dass neue Bildmotive entworfen werden mussten. Offenbar haben sich die Maler dafür an älteren Vorlagen orientiert, indem sie motivische und stilistische Elemente aufgegriffen und umgestaltet haben. Auf diese Weise sind kompilatorische Neuschöpfungen entstanden, die den C-Miniaturen einen einheitlichen Gesamteindruck verleihen (Voetz 2015, S. 73).

Bildtypen und Variationen der Bildelemente

Vergleicht man die Autorenbilder des Codex Manesse mit den Bildern der Handschrift B und der bebilderten Fragmente, dann zeichnet sich vor deren Folie einerseits ein relativ geringes Spektrum an Darstellungstypen ab, die den Abbildungen zugrunde liegen, andererseits zeigt sich, dass diese Grundtypen im Codex Manesse in weit höherem Maße, als es in B der Fall ist und als es die Fragmente zu erkennen geben, variieren und durch die Aufnahme anderer Inhalte erweitert wurden (Holznagel 1995, S. 68–69).

Zu diesen Grundtypen gehören folgende Darstellungen: der Autor als in nachdenklicher Haltung sitzende Einzelperson (Abb. 4: *Rudolf von Neuenburg* Bl. 20r), der Autor sitzend oder stehend im Gespräch mit der Dame (Abb. 5: *Gottfried von Neifen* Bl. 32v), der Autor sitzend oder stehend mit einem Boten (Abb. 6: *Otto von Botenlauben* Bl. 27r) und der Autor in Rüstung oder zumindest mit Schwert und Schild bewaffnet zu Pferd (Abb. 7: *Heinrich von Rugge* Bl. 122r).

Die Miniaturen des Codex Manesse zeigen diese Typen in verschiedensten Variationen und Kombinationen der Bildelemente. Der alleine sitzende, meditierende Autor etwa kann in eine Menschengruppe integriert sein, z. B. als Dichterfürst über einer Schar bunt gekleideter Spielmannsleute thronend (Bl. 399r *Meister Heinrich Frauenlob*). Das Gesprächsbild mit Dame kann hinsichtlich der Darstellung des Verhältnisses zwischen Mann und Frau spezifiziert sein, angefangen bei innigen Umarmungen (Bl. 179v *Der von Johansdorf*) über körperliche Annäherungsversuche (Bl. 285r *Rost, Kirchherr zu Sarnen*) bis hin zu gewaltsamen Auseinandersetzungen (Bl. 257v *von Stadegge*). Das Botenbild kann hinsichtlich der Art der Erteilung des Botenauftrags variieren, etwa indem dem Boten die Nachricht von einem Burgfenster aus am Pfeil einer Armbrust befestigt entgegengeschossen wird (Bl. 255r *von Trostberg*). Das Reiterbild zeigt als eine Variante den Reiter gemeinsam mit seiner Dame auf dem Pferd sitzend (unter anderem Bl. 316v *Herr Friedrich der Knecht*).

Anregungen für solche Bildvariationen bezogen die Maler aus den zu den Bildern gehörenden Textcorpora sowie des Öfteren auch aus ‹sprechenden› Bestandteilen der Autornamen. Vereinzelt sind Inspirationen durch andere Werke der mittelalterlichen Literatur erkennbar.

Das Spektrum an Bildtypen ist im Codex Manesse durch Darstellungsformen erweitert, die in der Handschrift B und den bebilderten Fragmenten nicht vorkommen und die hier ihrerseits in Variationen vorliegen. Dazu gehören Bilder, die den Autor interagierend mit einer ihn umgebenden Menschengruppe zeigen: mit Tänzern, Musikern (u.a. Bl. 423v *Der Kanzler*), einer Tafelgesellschaft (Bl. 308v *Steinmar*), Bewunderern und Widersachern (Bl. 273r *Neidhart*). Andere Bilder zeigen den Autor bei einer intellektuellen Tätigkeit: beim Diktat (u.a. Bl. 383r *Konrad von Würzburg*), bei der Unterweisung eines Schülers (u.a. Bl. 213r *Der Winsbecke*), beim Schachspiel (u.a. Bl. 262v *Goeli*) oder im Bett liegend und sinnierend (u.a. Bl. 76v *Heinrich von Morungen*). Hinzu kommen Darstellungen des Autors bei sportiver Aktivität: beim Wurf- oder Kegelspiel (u.a. Bl. 339r *Der junge Meißner*), bei der Jagd (u.a. Bl. 320v *Geltar*) oder beim Turnierkampf (u.a. Bl. 17r *Herzog von Anhalt*).

Neben diesen in Variationen vorliegenden Darstellungen enthält der Codex Manesse auch solche, die nur einmal vorkommen, wobei vor allem eines auffällt: Die Bilder zeigen den Autor vielfach und dem Wortsinn gemäß als in meditierender Haltung dargestellten Schöpfer von Dichtkunst (lateinisch: *auctor*, neuhochdeutsch: Urheber, Schöpfer, Förderer), unter den 137 Abbildungen des Codex Manesse findet sich jedoch nur eine einzige, die ihn explizit in der Rolle als Vermittler derselben zeigt. Dabei handelt es sich um das Autorenbild zum Œuvre Reinmars des Fiedlers (Bl. 312r), das den Autor als musizierenden Vortragskünstler zeigt, wobei die Darstellung aus dem Namenszusatz ‹der Fiedler› motiviert zu sein scheint. Geht man – wie es die Forschung tut – davon aus, dass die mittelhochdeutschen Lyriker (auch noch zur Entstehungszeit des Codex Manesse) nicht nur Dichter, sondern auch Komponisten, Musiker und Sänger waren, fällt das weitgehende Fehlen von Miniaturen, die den Autor in der Vermittlerrolle zeigen, auf.

Dieser Befund korrespondiert damit, dass die fünf erhaltenen bebilderten Lyrikhandschriften und Fragmente anders als andere mittelhochdeutsche Liederhandschriften keine Melodienaufzeichnungen enthalten. Offenbar handelt es sich hierbei um einen Handschriftentypus, für den die Illustration der mündlich-musikalischen Seite der Lyrik eher zweitranging war.

Dass der Autor kaum je als Vortragskünstler dargestellt ist, heißt jedoch nicht, dass die mediale Dimension der Lyrik in den Bildern gänzlich ausgeklammert würde. Aspekte von Mündlichkeit und Schriftlichkeit kommen durch Figuren wie Schreiber, Musiker und Tänzer, die den Autor umgeben können, ins Spiel, insbesondere aber durch ein Element, das sich wie ein Leitmotiv durch die Bilder zieht: das (oftmals im unfertigen Zustand einer Vorzeichnung belassene) leere Schriftband. Dieses Bildelement nimmt in den Miniaturen ganz unterschiedliche Funktionen und Bedeutungen an und entfaltet auf diese Weise einen bildkünstlerischen Diskurs über die medialen Ausprägungen der mittelhochdeutschen Dichtkunst.

Das leere Schriftband ist ein seit der Antike bekanntes Attribut von Philosophen, Gelehrten und Dichtern, das in der christlichen Kunst des Mittelalters als Symbol der heiligen Worte und dann auch der Rede erscheint. In den Einzeldarstellungen des Codex Manesse (sitzende, meditierende Einzelperson/Reiterbild), in denen es dem Autor in die Hand gelegt sein kann bzw. anstelle des Banners steht, ist es weniger als ein materielles Objekt zu begreifen denn vielmehr als ein Symbol, das die damit betraute Figur als Urheber der Worte – als Autor – ausweist

(Abb. 4/Abb. 7). Das Band verweist zwar auf das Medium der Schrift, es besagt jedoch keinesfalls, dass die mittelhochdeutschen Dichter ihre Lieder auf Pergamentrollen festgehalten hätten.

Eine andere Funktion kommt dem leeren Schriftband in den Gesprächsbildern mit Dame zu (Abb. 5). Hier erscheint der Mann nicht isoliert, sondern im Ensemble mit einem weiblichen Gegenüber, wobei das Schriftband zumeist ihm zugeordnet ist. Solche Szenen sind doppeldeutig, denn sie lassen sich sowohl in Hinblick auf die textexterne Kommunikationssituation interpretieren als auch auf das in den Texten entworfene fiktive Minnegeschehen. In der ersten Lesart erscheint der Mann als Autor und die Frau als die von dessen Dichtkunst faszinierte Rezipientin; in der zweiten dagegen erscheint er als Liebender und sie als die vom Mann umworbene Geliebte. Diese doppelte Perspektive ergibt sich bei etlichen Abbildungen des Codex Manesse. Sie zeigt, nebenbei bemerkt, dass sich das Fiktionalitätsbewusstsein zur Entstehungszeit des Codex Manesse vom heute gängigen Verständnis von Fiktion erheblich unterscheidet. Denn was hier vorliegt, ist, als würde man heute den Autor eines Kriminalromans, in dem es um einen ermittelnden Polizisten geht, auf dem Buchcover als Polizisten abbilden – eine geradezu groteske Vorstellung. Das Schriftband nun aber, das auch in den Gesprächsbildern mit Dame oftmals lediglich als blasse Vorzeichnung erscheint (vgl. Abb. 5), fungiert hier anders als in den Einzeldarstellungen des Autors nicht als dessen Kennzeichen, sondern es steht stellvertretend für die dichterische Rede bzw. für die mündlich übermittelte Liebesbotschaft. Wichtiger Indikator für die Interpretation des Schriftbandes als Signum von Mündlichkeit sind die Handzeichen der dargestellten Personen, die auf den mündlichen Charakter der Kommunikation hinweisen.

Eine wieder andere Funktion hat die Darstellung von leeren Schriftbändern in den Botenbildern des Codex Manesse (Abb. 6). Auch diese Bilder beziehen sich auf das in den Texten entworfene fiktive Minnegeschehen: Wenn dem Liebenden die Annäherung an seine Dame misslingt, ist er auf einen Boten angewiesen, der ihr seine Nachrichten überbringt. Das Motiv der

Briefpost an die Dame wird in den Botenbildern aufgegriffen. Im Unterschied zu den Gesprächsbildern mit Dame erscheint der Autor dann, ohne die Hände im Redegestus zu erheben. Stattdessen ist er dichtend in sich gekehrt. In Abb. 6 sieht es gerade so aus, als würde ihm das Blatt aus den Händen fallen und vom Boten aufgefangen werden, um es weiterzubefördern. Das hat Auswirkungen auf den Status des dargestellten Objekts: Denn im Unterschied zu den oben gezeigten Fällen ist das Schriftband hier nicht primär ein Symbol (für den Dichter, die dichterische Rede), sondern es stellt ein materielles Objekt dar, das innerhalb des dargestellten fiktiven Geschehens eine ganz bestimmte Funktion hat, nämlich die als Träger einer Liebesbotschaft, die der Liebende seiner Herzensdame durch den Boten überbringen lässt (Stolz 2006).

Neben diesen Darstellungen enthält der Codex Manesse solche, in denen das Schriftband näher an die Alltagsrealität herangerückt ist und die konkrete Gestalt eines Briefes annimmt (Bl. 261r *Von Stamheim*), sowie solche, in denen es beschriftet ist und, vergleichbar mit Sprechblasen in modernen Comics, einen gesprochenen Text wiedergibt (Bl. 48v *Eberhard von Sax*), wobei sich die Funktionen und Bedeutungen in den einzelnen Abbildungen überlagern können. Auch wenn die Autoren im Codex Manesse kaum je als Vermittler ihrer Dichtkunst dargestellt werden, so liegt mit dem (leeren) Schriftband doch ein Bildelement vor, das die medialen Dimensionen der mittelhochdeutschen Lyrik auf vielfältige Art und Weise verhandelt. Das Spiel von Typus und Variation kulminiert darin.

Die Kategorie ‹historischer Autor›

Die Bilder des Codex Manesse stellen den Autor zumeist als eine ins höfische Gesellschaftsleben integrierte Person von hohem Stand dar, wobei es sich nicht um wirklichkeitsbezogene historische Portraitmalerei handelt. Das ist unter anderem deshalb nicht der Fall, weil der größte Teil der Autoren, deren Werke im Codex Manesse versammelt sind, zur Entstehungszeit der Handschrift nicht mehr lebten. Die Maler hatten sie also nie gesehen. Dasselbe gilt für die Szenerien, in die sie eingefügt sind. Diese stellen keine biografischen Ereignisse aus dem Leben des Autors oder sonstige historische Begebenheiten dar. Historische Bezüge, die in der Forschung angenommen wurden, lassen sich in keinem Fall verifizieren.

Der Codex enthält zwar Angaben zu den Autoren – allen voran Adelstitel und Namen –, diese sind jedoch historisch nicht verlässlich, was sich allein schon an den Eintragungsmodalitäten zeigt. Die heute noch erkennbaren Namensvorschriften auf der jeweils ersten Textseite der Autorcorpora, die auf die entsprechenden Vorlagen zurückgehen dürften und an denen sich der Schreiber Ms beim Eintragen der Namen über den Autorenbildern orientiert haben muss, enthalten oftmals keinen Adelstitel, sondern lediglich Herkunftsbezeichnungen. So lautet z. B. die Bildüberschrift auf Bl. 18r *herzoge Johans von Brabant*, die Namensvorzeichnung über der anschließenden ersten Textseite jedoch lediglich: *von Brabant*. In solchen Fällen ist es unklar, woher der Schreiber Ms, der ansonsten ja nur das Hadlaub-Corpus abgeschrieben hat, seine weitergehenden Informationen zu Name und Titel des Autors bezogen hat.

Von eher geringem historischen Zeugniswert sind auch die Wappendarstellungen, die in 117 der 137 C-Miniaturen vorkommen. Im Grundsatz galt offenbar das Bestreben, möglichst jedem Dichter ein Wappen beizugeben. Dieser Anspruch war aber letztlich schon deshalb unerfüllbar, weil ein erheblicher Teil der Dichter des 12. bis 14. Jahrhunderts, deren Texte im Codex Manesse versammelt sind, über gar kein Wappen verfügt haben wird. So überrascht es nicht, dass heute nur etwa ein Drittel der im Codex Manesse enthaltenen Wappen in einem heraldischen Sinn als historisch richtig erwiesen werden können (Bumke 1976). Und selbst wenn ein Wappen historisch belegbar ist, heißt das nicht, dass es dem jeweiligen Dichter auch zu Recht zugesprochen wurde. Vielmehr ist davon auszugehen, dass die Maler nicht über ausreichende Kenntnisse zu den darzustellenden Autoren verfügten, um sie historisch korrekt darzustellen.

Ein weiterer Unsicherheitsfaktor bei der Erforschung von Autoridentitäten ist die Überlieferungsgeschichte der Werke. Wenn diese in mehr als einer Handschrift überliefert sind, zeigt sich, dass die jeweils beigegebenen Autornamen hinsichtlich Titel, Name und Herkunftsbezeichnung voneinander abweichen können; bisweilen sind die Werke sogar unterschiedlichen Autornamen zugeordnet.

Unwägbarkeiten ergeben sich schließlich aufgrund der dürftigen Quellensituation. Selbst wenn Titel, Name, Herkunftsbezeichnung und Wappen eines im Codex Manesse dargestellten Autors übereinstimmend auf ein bestimmtes Adelsgeschlecht verweisen, heißt das noch nicht, dass er sich historisch bezeugen lässt. Denn männliche Vornamen und Titel wurden in den Adelsfamilien über Generationen weitergegeben, und da in historiografischen Quellen (Chroniken, Hausbüchern, Festprotokollen usw.) künstlerisch-poetische Aktivitäten in der Regel nicht dokumentiert werden, lässt sich zumeist nicht sagen, wer aus der besagten Familie mit dem Dichter identisch ist.

Die Unwägbarkeiten, die auftreten, wenn man versucht, biografische Daten zu den mittelhochdeutschen Dichtern zu ermitteln, rechtfertigen es jedoch nicht – wie in der Forschung bisweilen gefordert –, den Autorbegriff fürs Mittelalter zu verabschieden. Das gewichtigste Argument dagegen bieten die mittelalterlichen Handschriften selbst. Denn diese liefern mit ihrer Strukturierung nach dem Autorprinzip, mit den innerliterarischen Selbstnennungen, der Erwähnung von Aufenthaltsorten, Mäzenen und Dichterkollegen ja den besten Beweis für das Vorhandensein eines mittelalterlichen Autorbewusstseins. Dass sich die Autoren, ausgehend von diesen Informationen, historisch nicht bezeugen lassen, heißt weder, dass es sie nicht gegeben hätte, noch, dass man sich generell von der Frage nach ihnen verabschieden müsste. Denn wenn die Kategorie des historischen Autors auch weitgehend eine Leerformel bleibt, so bieten die in den Texten und Bildern enthaltenen Autorbezüge in ihrer Summe doch Anhaltspunkte für eine ungefähre geografische, zeitliche und soziokulturelle Einordnung der Werke. Eine Verabschiedung des Autorbegriffs fürs Mittelalter würde zu einer aus kultur- und literaturgeschichtlicher Perspektive nicht vertretbaren Dekontextualisierung der mittelalterlichen Dichtung führen.

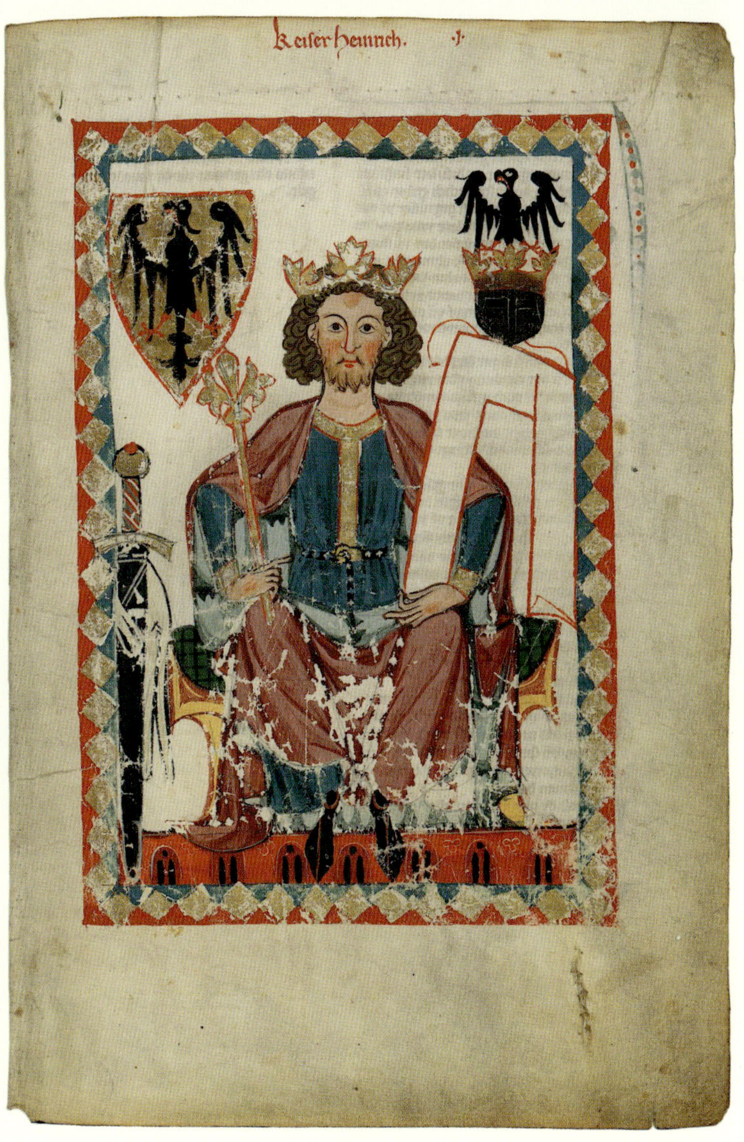

Abb. 1:
Kaiser Heinrich,
Bl. 6r

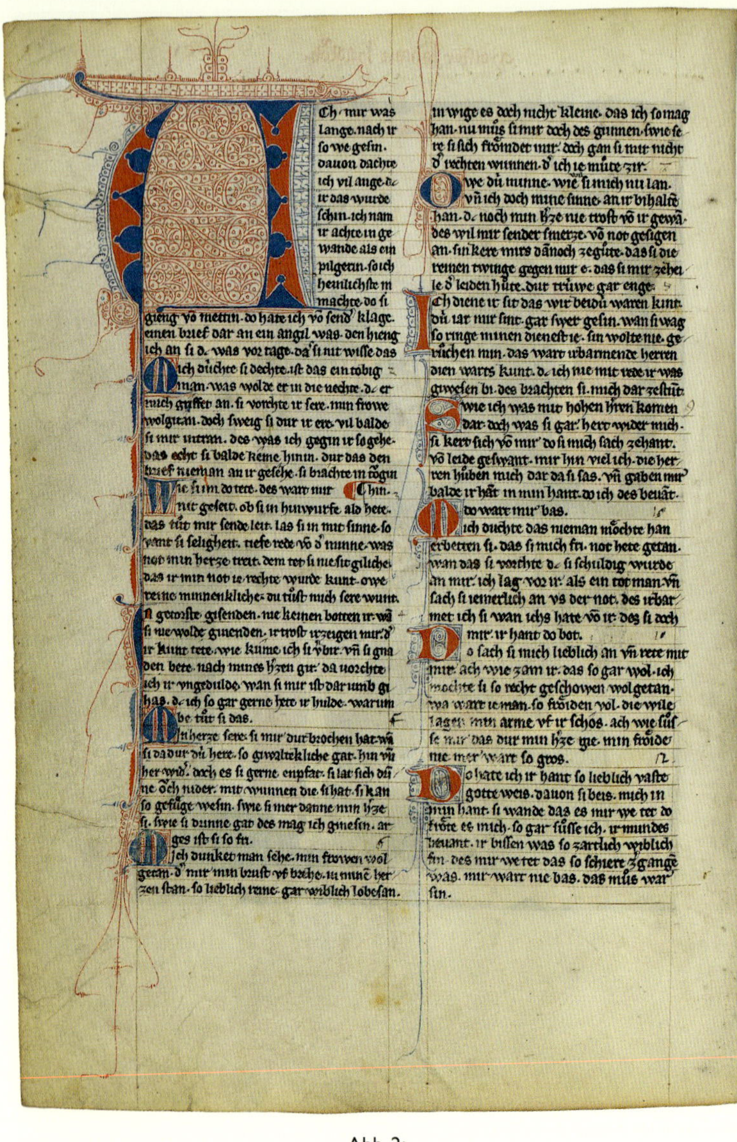

ICh mir was
lange. nach ir
so we gesin.
dauon dachte
ich vil ange. d'
ir das wurde
schin. ich nam
ir achte in ge
wande als ein
pilgerin. so ich
heimlichste m
machte. do si
gieng vō mettin. do hate ich vō send' klage.
einen brief dar an ein angil was. den hieng
ich an si d'. was vor tage. da' si nit wisse das
Mich dúchte si dechte. ist das ein töbig
man. was wolde er in die nechte. d' er
mich griffet an. si vorchte ir sere. min frowe
wolgitan. doch sweig si dur ir ere. vil balde
si mir intran. des was ich gegin ir so gehe.
das echt si balde keme hinin. dur das den
brief nieman an ir gesehe. si brachte in tögin
Wie si im do tete. des wart mir Chun-
nit geseit. ob si in hinwurfe ald hete.
das tůt mir sende leit. las si in mit sinne. so
wirt si selighet. niefe rede vō d' minne. was
not min herze treit. dem tet si nie sit gliche.
das ir min not ie rechte wurde kunt. owe
reine minnenkliche. du tůst mich sere wunt.
Ni getorste gisenden. nie keinen botten ir. wā
si nie wolde giuenden. ir trost erzeigen mir. d'
ir kunt tete. wie kume ich si vbir. vn̄ si gna
den bete. nach mines h'zen gir. da vorchte
ich ir vngedulde. wan si mir ist dar umb gi
has. d' ich so gar gerne hete ir hulde. warum
be tůt si das.
Min herze sere. si mir dur brochen hat. wā
si da dur dú here. so giwalteklich gat. hin vn̄
her wid'. doch es si gerne enpfat. si lat sich dū
ne och nider. mit wunnen die si hat. si kan
so gefuge wesin. swie si mer danne min h'ze
si. swie si dunne gat des mag ich ginesin. ar
ges ist si so fri.
Mich dunket man sehe. min frowen wol
getan. d' mir min brust vf breche. in minē her
zen stan. so lieblich reine. gar wiblich lobesan.
in wige es doch nicht kleine. das ich so mag
han. nu můs si mir doch des gunnen. swie se
re si sich frömdet mir. doch gan si mir nicht
d' rechten wunnen. d' ich ie můte zir.
Owe dú minne. wie si mich nu lan.
vn̄ ich doch mine sinne. an ir bihaltē
han. d' noch min h'ze nie trost vō ir gewā.
des wil mir sender smerze. vō not gesigen
an. sin kere mirs dānoch ze gůte. das si die
reinen twinge gegen mir e. das si mir ze hei
le d' leiden hůte. dur truwe gar enge.
Ich diene ir sit das wir beidú waren kint.
dú iar mir sint. gar swer gesin. wan si wag
so ringe minen dienest ie. sin wolte nie. ge
růchen min. das wart irbarmende herren
dien warts kunt. d' ich nie mit rede ir was
giwesen bi. des brachten si. mich dar zestūt.
Swie ich was mit hohen h'ren komen
dar. doch was si gar' hert wider mich.
si kert sich vō mir' do si mich sach zehant.
vō leide geswant. mir hin viel ich. die her
ren hůben mich dar da si sas. vn̄ gaben mir
balde ir hāt in min hant. do ich des beuāt.
do wart mir' bas.
Mich duchte das nieman möchte han
erbetten si. das si mich fri. not hete getan.
wan das si vorchte d' si schuldig wurde
an mir. ich lag vor ir. als ein tot man. vn̄
sach si iemerlich an vs der not. des irbar
met ich si wan ichs hate vō ir. des si doch
mir ir hant do bot.
Do sach si mich lieblich an vn̄ rete mit
mir. ach wie zam ir. das so gar wol. ich
mochte si so recht geschowen wolgetan.
wa wart ie man. so fröiden vol. die wile
lagen min arme vf ir schos. ach wie sůs
se mir das dur min h'ze gie. min fröide
nie mer wart so gros. 12
Do hate ich ir hant so lieblich vaste
gotte weis. dauon si beis. mich in
min hant. si wande das es mir we tet do
fröte es mich. so gar süsse ich. ir mundes
beuant. ir bissen was so zartlich wiblich
fin. des mir we tet das so schiere zergangē
was. mir wart nie bas. das můs war
sin.

Abb. 2:
Kunstvolle Eingangsinitiale,
Bl. 371v

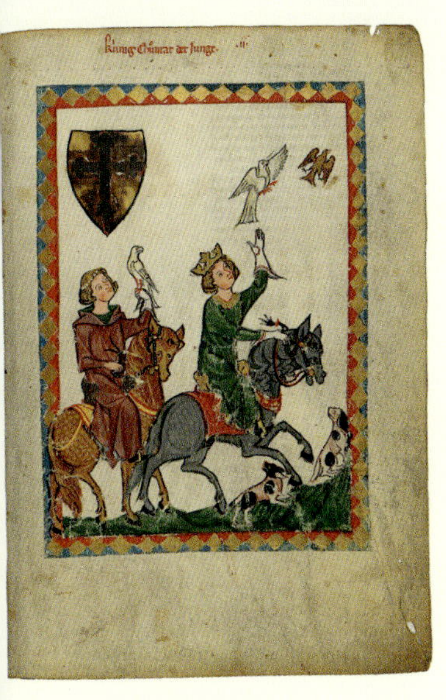

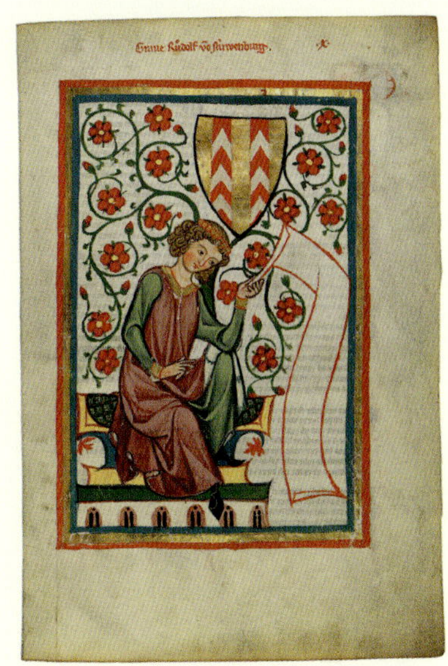

Abb. 3 (oben links):
König Konrad der Junge,
Bl. 7r

Abb. 4 (oben rechts):
Herr Rudolf von Neuenburg,
Bl. 20r

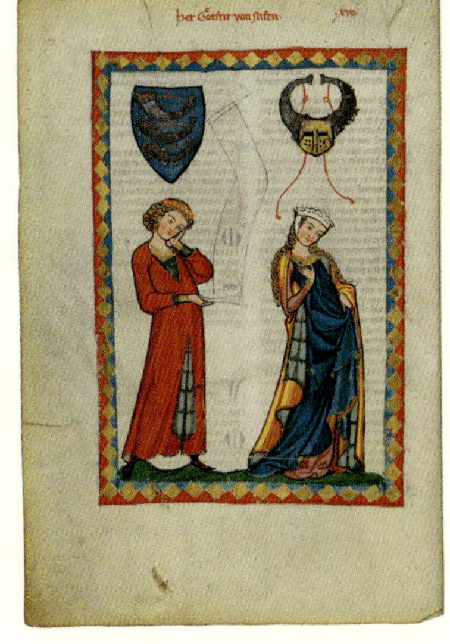

Abb. 5 (unten):
Herr Gottfried von Neifen,
Bl. 32v

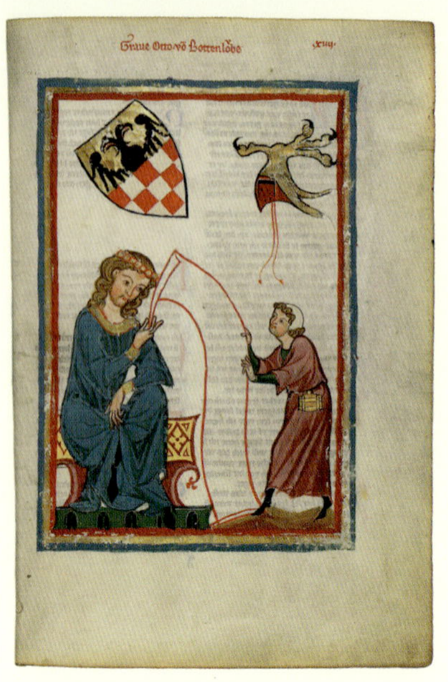

Abb. 6:
Graf Otto von Botenlauben,
Bl. 27r

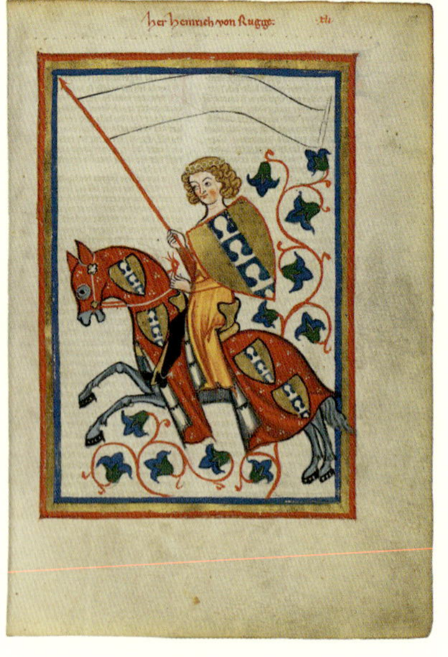

Abb. 7:
Herr Heinrich von Rugge,
Bl. 122r

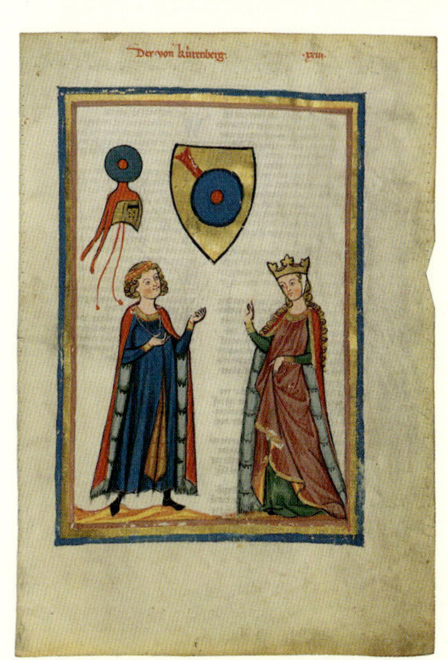

Abb. 8:
Der von Kürenberg,
Bl. 63r

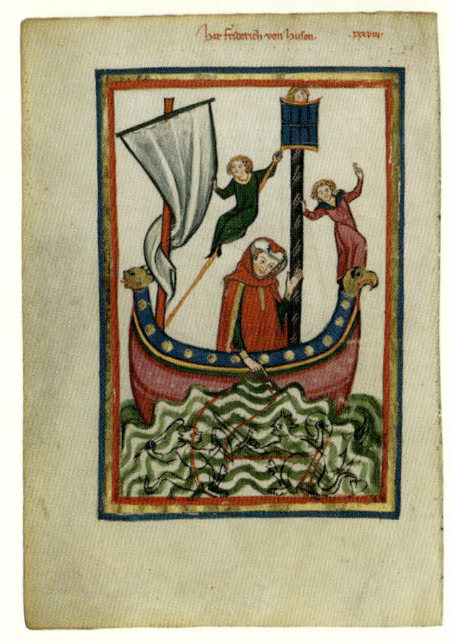

Abb. 9:
Herr Friedrich von Hausen,
Bl. 116v

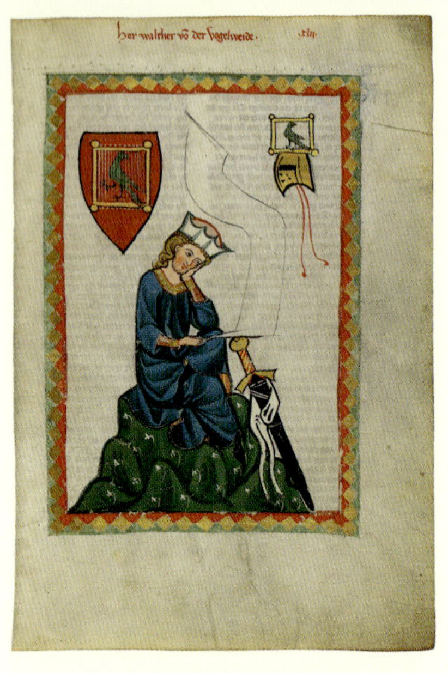

Abb. 10:
Herr Walther von der Vogelweide,
Bl. 124r

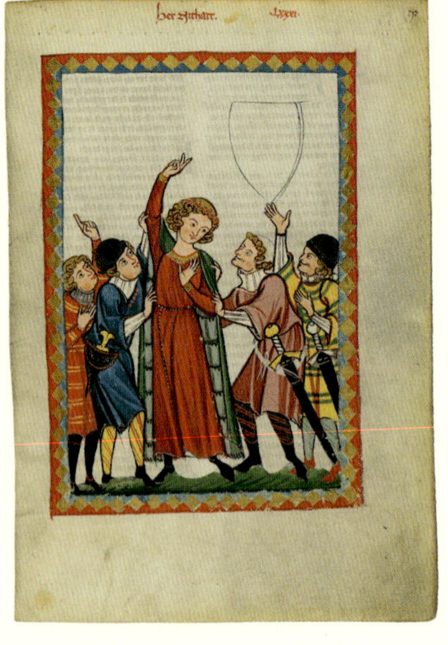

Abb. 11:
Herr Neidhart,
Bl. 273r

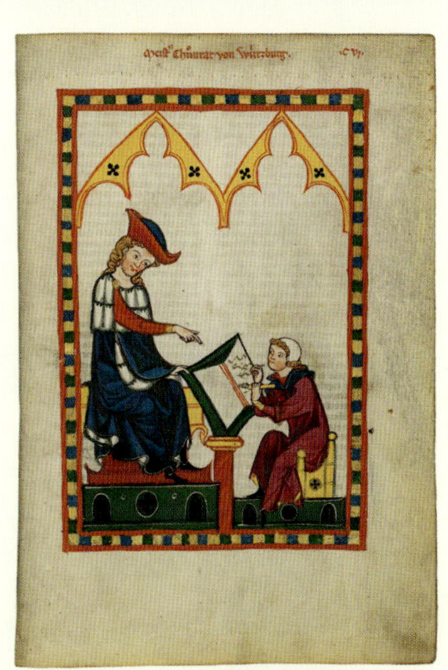

Abb. 12:
Meister Konrad von Würzburg,
Bl. 383r

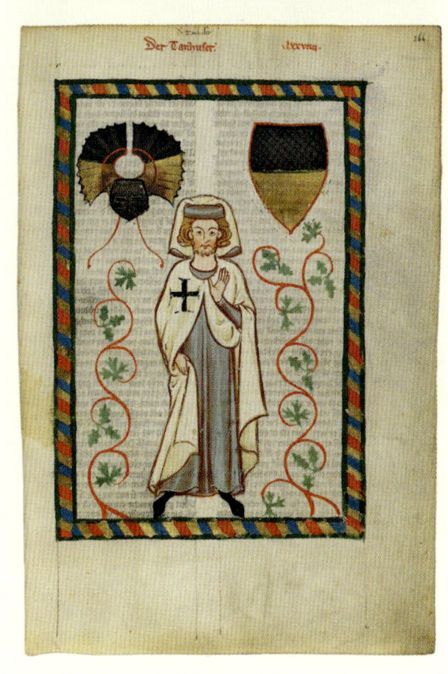

Abb. 13:
Der Tannhäuser,
Bl. 264r

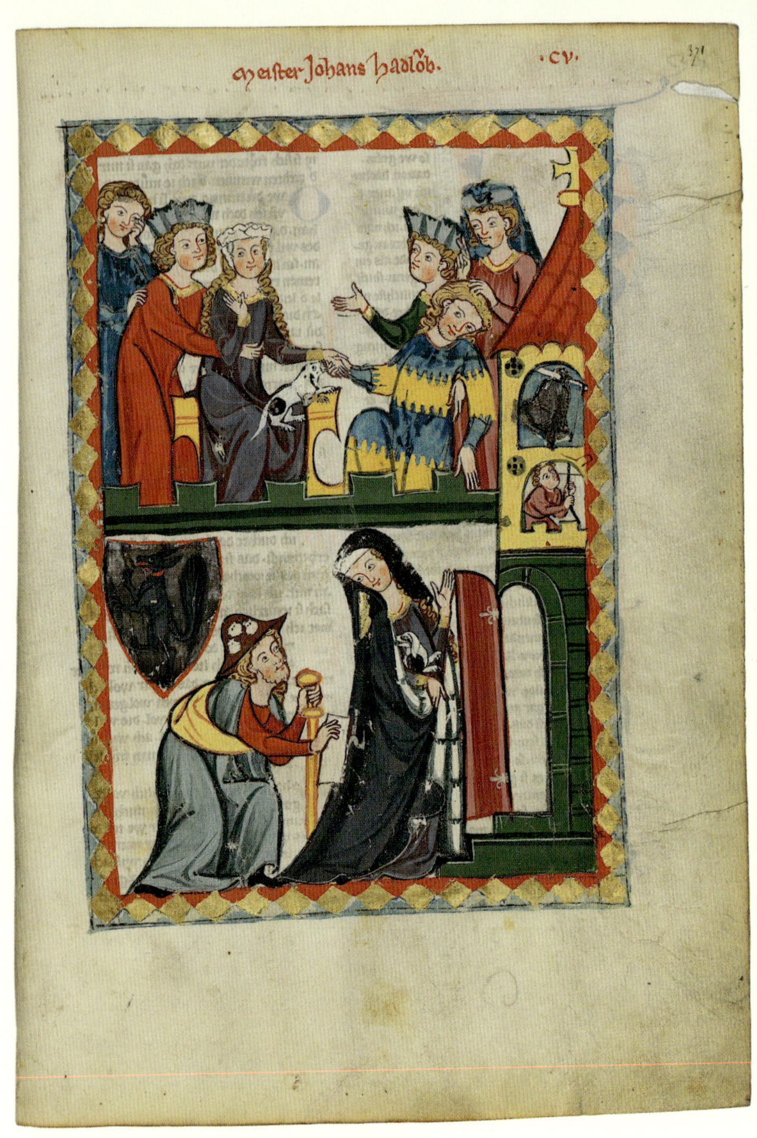

Abb. 14:
Meister Johannes Hadlaub,
Bl. 371r

5. Der Textbestand

Der Textbestand des Codex Manesse besteht zum größten Teil aus Lyrik, das heißt aus in Strophenform abgefassten Liedern, Sprüchen sowie aus Leichs. Ein Leich ist eine besonders prunkvolle Lyrikform, die nicht – wie ein Lied – aus gleich gebauten Strophen besteht, sondern aus einer Folge von formal variierenden Komponenten. Hinzu kommen einige umfangreichere strophische Dichtungen. Diese Texte waren – mit Ausnahme womöglich der strophischen Großformen – ursprünglich für den Gesangsvortrag bestimmt. Zwar dürften sie von Beginn an auch schriftlich fixiert worden sein, jedoch geht man davon aus, dass die Dichter, die zugleich auch Sänger und Musiker waren, ihre Lieder an den Adelshöfen gesanglich vorgetragen haben. Das heißt, die mittelalterlichen Rezipient*innen kannten die Texte aus dem Codex Manesse nicht primär – wie es heute der Fall ist – vom Lesen, sondern vom Hören. Dabei konnten sie über den Tod des Autors hinaus in der Vortragspraxis vertreten sein, indem sie von Nachsängern ins Repertoire aufgenommen wurden.

Über die Art des Vortrags der mittelhochdeutschen Lyrik ist so gut wie nichts bekannt; entsprechend konträr sind die Einschätzungen dazu. Von manchen Forscher*innen wird insbesondere die höfische Liebesdichtung, der Minnesang, als eine esoterische Kunstübung erachtet, die der Unterhaltung und Erbauung nur weniger, eingeschworener Kenner*innen gedient habe (Schweikle 1995, S. 57). Andere dagegen sehen in Autoren wie Walther von der Vogelweide oder Neidhart mittelalterliche Superstars, deren Auftritte an den Höfen Attraktionen für ein breites Publikum gewesen seien (Haferland 2004). Anzunehmen ist, dass je nach Gattung und Autor unterschiedliche Vortragsformen und -typen nebeneinander existiert haben.

Fraglich ist nicht nur, was für einen Status die Liedvorträge im höfischen Gesellschaftsleben hatten, sondern auch, zu welchen Anlässen sie stattgefunden haben. Insgesamt liegt hier ein paradoxer Befund vor: Die Überlieferung mancher Textcorpora in bis zu 30 Handschriften, die geografisch zum Teil weit auseinanderliegen, zeugt von deren hohem Bekanntheits- und Verbreitungsgrad. Die Texte selbst enthalten eine unüberschaubare Zahl an wechselseitigen Anspielungen, die darauf schließen lassen, dass es sich dabei zumindest eine Zeit lang um eine äußerst produktive, lebendige Kunstform gehandelt hat. Diesem Bild, das sich aus dem Inhalt und der Überlieferungsgeschichte der Lyrik ergibt, steht jedoch die Armut an historiografischen Zeugnissen über eine entsprechende Vortragskultur gegenüber. Über Auftritte oder persönliche Begegnungen der mittelhochdeutschen Lyriker des 12. und 13. Jahrhunderts liegen keine entsprechenden Belege vor. Selbst wenn sich Hinweise auf Ereignisse und Orte finden, an denen es denkbar ist, dass solche stattgefunden haben – etwa im Rahmen des bereits erwähnten Mainzer Hoffestes von 1184 –, schweigen die Quellen dazu. Aufgrund der dürftigen Quellensituation fehlen Informationen über Vortragsmodalitäten der mittelhochdeutschen Lyrik fast vollständig.

Unter den über 40 Handschriften, in denen die mittelhochdeutsche Lyrik aus dem 12. bis 14. Jahrhundert überliefert ist, nimmt der Codex Manesse allein schon aufgrund seines großen Umfangs eine Sonderstellung ein. Er enthält heute ca. 5240 Strophen und 36 Leichs (ca. 200 Strophen sind im Laufe der Zeit durch Blattverluste abhandengekommen). Über 90 der insgesamt 140 Autorcorpora sind – wie gesagt – ausschließlich darin überliefert. Das heißt, die C-Redaktoren müssen Zugriff auf umfangreiche Quellen gehabt haben, die außerhalb der mit den Handschriften A und B gemeinsamen Tradition liegen.

Der Textbestand des Codex Manesse lässt sich unterschiedlichen Gattungen zuordnen, wobei diese Zuordnungen nicht auf historischen Gattungsbegriffen beruhen, sondern auf nachträglichen literaturwissenschaftlichen Konstrukten des 19. und 20. Jahrhunderts. Denn die mittelhochdeutschen Dichter orientierten sich zwar an Vorbildern – bei der Lyrik handelt es sich in hohem Maße um Variationskunst – und prägten Bezeichnungen für lyrische Formen, Texte und Melodien aus, jedoch etablierte sich damals für die volkssprachige Literatur keine Gattungsdiskussion. Die neuzeitlichen Gattungsdefinitionen beruhen weitgehend auf Merkmalen und impliziten Gesetzmäßigkeiten, die aus den Texten selbst erschlossen wurden.

Diesen Definitionen zufolge weist der Codex Manesse an allererster Stelle *eine* Gattung auf, nämlich Minnesang (höfische Liebesdichtung), die annähernd vier Fünftel des Gesamtbestands ausmacht. Daneben enthält er zum großen Teil sogenannte Sangsprüche, die unter anderem politische, zeit- und gesellschaftskritische Themen behandeln. Obgleich die Sangspruchdichtung im Codex Manesse weit schwächer vertreten ist als der Minnesang, ist er neben zwei späteren Handschriften (Jenaer Liederhandschrift [entstanden um 1330 im nördlichen Mittel- oder in Norddeutschland]; Kolmarer Liederhandschrift [entstanden um 1460 in Mainz oder Speyer]) doch der wichtigste Zeuge dieser Gattung. Zu Minnesang und Sangspruch kommen insgesamt 36 Leichs (fünf mit geistlicher, 31 mit weltlicher Thematik) sowie einige umfangreichere strophische Dichtungen, zumeist mit didaktischer und religiöser Ausrichtung hinzu (unter anderem *Klingsor von Ungarland*, bekannt als ‹Sängerkrieg auf der Wartburg› [219v–226r], *Winsbecke* [213r–216v], *Winsbeckin* [217r–219r]).

Höfische Liebesdichtung: Der Minnesang

Die höfische Liebesdichtung – der Minnesang – kommt in der Mitte des 12. Jahrhunderts neben der höfischen Epik als zweite große Schöpfung der mittelhochdeutschen Literatur auf. Sie dominierte die höfische Gesellschaftskunst im deutschsprachigen Raum dann für mehr als ein Jahrhundert. Warum das so ist, ist eine in der historischen Mentalitätsforschung vieldiskutierte Frage.

Als bedeutend dafür werden die tiefgreifenden kulturellen, sozialen und ökonomischen Veränderungen im 12. Jahrhundert angesehen, die einen geistesgeschichtlichen Umbruch einleiteten.

In dieser Zeit differenzierten sich die gesellschaftlichen Systeme – besonders durch den Aufstieg des Ministerialenstandes – aus; verschiedenste Adelsstände rückten an größeren Machtzentren enger zusammen, was ein verstärktes Wettbewerbs- und Aufstiegsstreben zur Folge hatte. Diese Entwicklung ging mit einer Intensivierung von Ich-Erfahrung einher, der Herausbildung neuer Formen der Emotionalität und Affektregulierung sowie einer Sensibilisierung für ästhetische Werte (Jaeger 2001; Schnell 2005).

Seit der Mitte des 12. Jahrhunderts – mit Beginn der Stauferzeit (Kaiserkrönung Friedrichs I. Barbarossa: 1155) – bildete sich an den deutschen Höfen eine innerweltliche Hofkultur aus, die sich im Bereich der Literatur für weltliche Themen und Stoffe öffnete. Mitverantwortlich für diese Entwicklung waren wohl die Beeinflussung durch den progressiveren Westen – das heißt vor allem durch Frankreich – sowie die Schwächung der geistlichen Autorität aufgrund der schweren Niederlage, die die christlichen Heere im zweiten Kreuzzug (1147–1149) erlitten hatten.

Der weltlich-höfische Minnesang kann als symptomatisch für die sich in dieser Zeit an den deutschen Höfen ausbildende innerweltlich orientierte Ethik und Ästhetik angesehen werden. In ihm ist die Wahrnehmung der Welt auf die horizontale Achse von Ich und Du ausgerichtet. Die Lieder schaffen im Raum des Ästhetischen Möglichkeiten für die Auseinandersetzung mit sich selbst, für die Entdeckung und Verbalisierung von Gefühlen, für das Ausspekulieren von Geschlechterverhältnissen und sozialen Rollenmodellen. So unterschiedlich die Minnedarstellungen dabei sein können, eines ist ihnen gemeinsam: Minne wird verstanden als Erfüllung des Lebens in einer Beziehung zwischen Mann und Frau, die auf nichtmateriellen Werten gründet. Eine solche Vorstellung von Liebe mag für neuzeitliche Westeuropäer*innen selbstverständlich sein. In der patriarchalisch geprägten Kultur des Mittelalters, in der die Ehepraxis der adligen Führungsschicht im 12. und auch im 13. Jahrhundert noch weitgehend an politisch-ökonomischen Interessen ausgerichtet war, war das eine radikal neue Idee, die sich als Denkmodell – als neue Codierung von Intimität – allererst durchsetzen und etablieren musste (Haug 2004, S. 34; Lieb 2009, S. 193–198).

Der Begriff ‹höfisch› bezeichnet in Bezug auf den Minnesang den Ort des Vortrags, von dem man annimmt, dass es der Adelshof war, aber auch das thematische Bezugszentrum der Texte: Es geht um die Liebe zwischen einer höfischen Dame und einem Ritter. Das heißt, es ist Standeslyrik, wobei das Brisante daran ist, dass die beiden nicht miteinander verheiratet sind und das Verhältnis daher illegitim ist (*tougen*, *verholne minne*, neuhochdeutsch: heimliche Liebe). Resonanzraum der Lieder ist der Hof. Die höfische Gesellschaft ist insofern am Minnegeschehen beteiligt, als sie als *huote* (neuhochdeutsch: Bewacher) oder *merkære* (neuhochdeutsch: Aufpasser) auftritt, das heißt als Instanz, die den höfischen Sittenkodex vertritt und das sich anbahnende Verhältnis zwischen Ritter und Dame zu verhindern sucht. Diese Grundkonstellation wird im Minnesang vielfältig variiert und ausspekuliert: Das Verhältnis zwischen Ritter und Dame kann gegenseitig oder einseitig sein, es kann sexuell erfüllt oder unerfüllt sein, die Vertreter der höfischen Gesellschaft können ihre Kontrollfunktion aufgeben und zu Neidern oder aber zu Komplizen des Paares werden. Bisweilen verlagert sich das Geschehen vom Hof hinaus in die Natur, wo die Bindung der Liebe an Standesgrenzen spielerisch überschritten wird. Das Sprechen über Sexualität verbleibt dabei weitgehend im Bereich des Anspielungshaft-Metaphorischen, vereinzelt finden sich jedoch auch derb-obszöne Minnelieder, die gerade im Codex Manesse verhältnismäßig stark vertreten sind.

Diese Variationen prägen unterschiedliche Liedtypen aus, die quantitativ jedoch äußerst ungleich häufig auftreten. Der zentrale und bis 1300 bei weitem häufigste Typus ist die Minnekanzone, die im deutschen Sprachraum Ende des 12. Jahrhunderts aufkommt und deren große Neuerungen – die Kanzonenstrophe und das ‹hohe› Minneverhältnis – der Lyrik der Romania (d. h. der provenzalischen Troubadour-Lyrik und der nordfranzösischen Trouvère-Lyrik) entlehnt sind. Essenzielles Thema der Minnekanzone ist die Klage des Mannes angesichts seiner unerwiderten Minne. Bemerkenswert ist dabei nicht, dass die Liebe unerfüllt bleibt – unerfüllte Liebe ist eines der großen Themen der Weltliteratur –, sondern dass sich der Mann seiner Dame als ‹Dienstmann› unterwirft und in der Hoffnung auf ‹Lohn› (nämlich: die sexuelle Erfüllung) um sie wirbt, wobei ihm dieser versagt bleibt. Das exzessive Begehren, auf das keine Erfüllung folgt, führt nicht etwa zur Abkehr des Mannes von seiner Dame, sondern treibt diesen zu immer größerer Leistung an: Er schwört ihr ewige Treue (mittelhochdeutsch: *triuwe*, *stæte*), preist und verehrt sie, dichtet und singt für sie und bleibt letztlich in einem Schwebezustand zwischen Trauern und Hoffen gefangen. Diese Konstellation führt in ihrer Weiterentwicklung zu einer Werteverschiebung und mit ihr zu einer Idealisierung des Dienstgedankens: Das höchste Gut ist dann nicht mehr der Minnelohn der Dame, sondern die gesellschaftliche Anerkennung (mittelhochdeutsch: *êre*), die dem Mann durch seinen vorbildlichen Minnedienst zuteilwird (Minneparadox: Sprechen über die Minne bei gleichzeitigem Gebot der Geheimhaltung des Minneverhältnisses). Konkret kann das heißen, dass der Liebende sein Liebesleid zu positivieren sucht, indem er es als Antrieb für die Minneliedproduktion auffasst, wodurch der gattungspoetologisch grundlegende Zusammenhang von vorbildlichem männlichen Lieben und vorbildlichem männlichen Reden (bzw. Singen) über die Liebe explizit wird.

Die Minnekanzone wird von anderen Minneliedtypen flankiert: von Liedern, die keine eindeutige Sprecherrollenzuweisung zulassen (‹androgyne› Strophen), von Frauenliedern (monologische Rede der Minnedame), von Liedern, in denen Mann und Frau im strophischen Wechsel über ihre Liebe zueinander sprechen (der sogenannte Wechsel); des Weiteren von Tageliedern (heimliche Trennung des Liebespaars am Morgen nach gemeinsam verbrachter Nacht) und Serenas (heimliche Zusammenkunft des Liebespaares am Abend), von Minne-Kreuzzugsliedern (Konfrontation der konkurrierenden Handlungskonzepte: weltlicher Frauendienst und religiöser Gottesdienst); ferner von Liedern, in denen Sprach- und Formartistik im Vordergrund stehen, sowie von Liedern, die das Verfassen und Rezipieren von Minneliedern selbst zum Thema haben (metapoetisch-reflektierende Lieder). Hinzu kommen Liedtypen, die erst für die spätere Zeit des Minnesangs im 13. Jahrhundert ausgemacht werden können; dazu gehören das generalisierende Minnelied (verallgemeinerndes Sprechen über die Liebe) sowie vor allem die den deutschsprachigen Minnesang prägende *dörper*-Lyrik Neidharts.

Diese Genres erweitern das in der Minnekanzone entworfene Bild der höfischen Liebe: Sie ermöglichen es, in der Rede der Minnedame oder eines Er-Erzählers die Erfüllbarkeit der Liebe zu thematisieren, was in der Minnekanzone, in der der auf Vorbildlichkeit verpflichtete Sänger und Liebende selbst über die Minne spricht, kaum möglich ist. Dialoglieder führen im inszenierten Gespräch zwischen dem Liebenden und seiner Dame vor, wie sich die Dame der Werbung mit argumentativem Geschick entzieht. Minne-Kreuzzugslieder zeigen das männliche Ich im Entscheidungskonflikt zwischen weltlichem Frauendienst und religiösem Gottesdienst – der Kreuzzugsteilnahme – und bieten dadurch die Möglichkeit, den unsicheren Minnelohn gegen den sicheren Gotteslohn abzuwägen. In Neidharts *dörper*-Lyrik wiederum wird das Minnegeschehen in eine ‹gegenhöfische› Welt verlagert, die von Gestalten – den *dörpern* – bevölkert wird, die einen überständischen Verhaltenstypus repräsentieren, der die höfischen Idealbilder konterkariert.

Im Codex Manesse ist das gesamte Spektrum der genannten Liedtypen vertreten. Eine dominierende Position nehmen die klassische Minnekanzone sowie – entsprechend des zeitlich auf der Lyrik des 13. Jahrhunderts liegenden Schwerpunkts – Lieder mit Bezug auf Walthers von der Vogelweide und Neidharts Werk ein. Für manche Liedtypen wie das Tagelied und die Serena ist der Codex Manesse die Haupthandschrift, ohne die das heutige Wissen über die mittelhochdeutsche Liedkunst um vieles ärmer wäre. Einen Eindruck vom breiten Typen- und Themenspektrum der darin enthaltenen Liebesdichtung geben die folgenden Portraits einiger ihrer charakteristischen Vertreter und Impulsgeber.

Höfische Liebe jenseits der Geschlechterrollen: Der von Kürenberg

Ein Ich, das von seiner Liebe spricht und bei dem unklar ist, ob es ein Mann oder eine Frau ist, kommt im Minnesang immer wieder vor; zeitlich gesehen, tritt dieses Phänomen jedoch gehäuft in der frühen Liebesdichtung auf, die vom Einfluss der romanischsprachigen Liebeslyrik noch weitgehend unberührt ist.

Zu finden sind solche ‹androgynen› Strophen zum Beispiel im Œuvre des von Kürenberg, der als der älteste namentlich bekannte deutschsprachige Lyriker gilt (Bl. 63r–63v). Sein literarisches Wirken wird aufgrund stilgeschichtlicher Kriterien in die Zeit zwischen 1150 und 1160 datiert. Da die meisten Strophen seines Œuvres formal mit den Strophen des *Nibelungenlieds* übereinstimmen, nimmt man an, dass der Kürenberger im Entstehungsraum dieses Epos, dem südostdeutsch-österreichischen Raum, anzusiedeln ist. Immer wieder wurde gemutmaßt, ob es sich beim Kürenberger um den bis heute unbekannten Autor des *Nibelungenlieds* handeln könnte; Belege dafür lassen sich jedoch nicht erbringen. Über den Dichter ist nichts weiter bekannt als der Name sowie die durch die Redaktoren des Codex Manesse vorgenommene Zuordnung seiner Person zum Freiherrengeschlecht. Auf der Basis dieser spärlichen Angaben lässt sich keine historische Verortung vornehmen. Es ist sogar denkbar, dass die Gedichtsammlung zunächst anonym vorlag und der Autorname erst im Lauf der Zeit aus der vierten Strophe des Œuvres abgeleitet wurde. In dieser Strophe nämlich bekennt eine Dame, sie habe einen Ritter in ‹des Kürenbergers Weise› (*Kürenbergers wîse*) sehr schön singen gehört.

Das Autorenbild (Abb. 8) gehört zum Typus ‹Gesprächsbild mit Dame›. Das über dem Paar befindliche Wappen des Dichters lässt sich historisch nicht bezeugen. Die darauf abgebildete Handmühle scheint eher aus dem Erstglied des Namens abgeleitet zu sein, denn mittelhochdeutsch *kürn* bedeutet Mühle. Die Zuordnung des Dichters zur Gruppe der Freiherren lässt daher auch keinen Schluss auf dessen Standeszugehörigkeit zu. Sie könnte ebenso gut Ausdruck der literarhistorischen Ehrwürdigung sein, die ihm die Sammler damit zuerkennen.

Das im Bild dargestellte, im Gespräch befindliche Paar weist die für die Gesprächsbilder typische Doppeldeutigkeit auf: Die Figuren können sowohl als Dichter und Rezipientin als auch als Liebender und umworbene Dame angesehen werden. Dabei enthält die Darstellung eine Besonderheit, die einmal mehr darauf hinweist, dass sich die Maler von den Werken der Dichter inspirieren ließen. Im Unterschied zu allen anderen Gesprächsbildern des Codex Manesse hält hier nämlich nicht nur der Mann ein im Zustand einer Vorzeichnung belassenes Schriftband in der Hand, sondern auch die Dame. Wenn das Schriftband – wie oben dargelegt – in den Gesprächsbildern Symbol für die mündliche Kommunikation ist, so erscheint die Darstellung folgerichtig. Denn das Œuvre des von Kürenberg zeichnet sich neben Strophen mit offener Sprecherrollenzuweisung durch ebenso viele Frauen- wie Männerstrophen aus und damit durch gleichberechtigte Redeanteile beider Geschlechter.

Das Œuvre umfasst 15 Strophen, die jeweils in sich abgeschlossene Sinneinheiten bilden und sich in unterschiedlichen Formationen zu kleineren Zyklen zusammenstellen lassen. Aufgrund der strukturalen Einstrophigkeit, der relativ stark ausgeprägten Bildlichkeit und des Fehlens der Dienst-Lohn-Thematik (hohe Minne) gilt das Œuvre in der Forschung als ‹archaisch›; es wird als ein ins Höfische aufgestiegener Reflex auf volkstümliche Liedtraditionen oder gar als Volkslied-Corpus gewertet (Schweikle 1985). Dagegen lässt sich Folgendes einwenden: In der vierten und fünften Strophe des Corpus deutet sich das zu der Zeit in der romanischsprachigen Lyrik verbreitete hohe Minneverhältnis an, wenn auch in parodistischer Verkehrung. Die Dame tritt hier nämlich als Landesherrin und Gebieterin des Mannes auf, die selbstbewusst Anspruch auf diesen erhebt. Anders als es die hohe Minne will, ist sie jedoch nicht unnahbar. Seinem Geständnis, er habe sie schlafend in ihrem Zimmer gesehen, sich aber nicht getraut, sie zu wecken, entgegnet sie mit harscher Herabwürdigung: Er sei ein Schwächling, schließlich sei sie ja kein wilder Eber! (Str. V). – Es ist denkbar, dass diese beiden Strophen einen frühen Reflex auf die provenzalische bzw. nordfranzösische Lyrik darstellen. Sie wären damit ein Beleg dafür, dass die deutschsprachigen Dichter nicht um getreuliche Nachahmung von Vorbildern aus der Romania bemüht waren (*imitatio*), sondern diese von Beginn an mit deren (parodistischer) Überschreitung einherging.

In den meisten Kürenberg-Strophen wird das Bild einer gegenseitigen Liebe zwischen einem Ritter und einer höfischen Dame entworfen. Erotisches Begehren und emotionale Involviertheit werden vor allem in den Frauenstrophen offen artikuliert. Weitere Themen sind die Heimlichkeit des Liebesverhältnisses, Treueansprüche, Abschiedssituationen, Sehnsucht und Trauer. Das Œuvre enthält zwei Strophen, die inhaltlich eng aufeinander bezogen sind und die zu den meistinterpretierten des deutschsprachigen Minnesangs gehören; bekannt sind sie unter dem Titel ‹Falkenlied›. Die Sprecherrollenzuweisung ist unklar:

Der von Kürenberg (Bl. 63v)

Ich zoch mir einen valken mere danne ein iar.
do ich in gezamete als ich in wolte han.
und ich im sin gevidere mit golde wol bewant.
er hůb sich uf vil hohe und floͧg in anderiu lant. (I)

Sit sach ich den valken schone fliegen.
er fůrte an sinem fůze sidine riemen.
und was im sin gevidere alrot guldin.
got sende si zesamene die gelieb wellen gerne sin. (II)

(I) Ich erzog mir einen Falken länger als ein Jahr. / Als ich ihn gezähmt hatte, wie ich ihn haben wollte, / und ihm sein Gefieder mit Gold schön geschmückt hatte, / schwang er sich hoch auf und flog weit weg. (II) Seither sah ich den Falken schön fliegen. / Er trug an seinem Fuß seidene Bänder, / und sein Gefieder war ganz rotgolden. / Gott führe die zusammen, die einander lieben wollen.

In diesen Strophen erzählt jemand, wie er mit viel Geduld und Mühe einen Falken erzogen hat, der ihm dann davongeflogen ist, wobei der letzte Vers (‹Gott führe die zusammen, die einander lieben wollen›) auf die symbolische Bedeutung verweist: Der entflogene Falke steht für den Verlust eines geliebten Menschen.

Für Diskussionen haben in der Forschung vor allem die Ambiguität der Bildsprache sowie die Offenheit der Sprecherrollenzuweisung gesorgt: Denn wer hier spricht, ist unklar. Das Falkenmotiv ist in der mittelhochdeutschen Dichtung weit verbreitet. Es kann Symbol für einen geliebten Mann sein, aber ebenso für eine geliebte Frau. Nimmt man an, es spricht eine Frau, dann steht der Falke für einen Mann – für einen Mann, den es zur Nebenbuhlerin zieht, oder für einen Mann, den seine Ritterpflichten rufen. Nimmt man an, es spricht ein Mann, dann steht der Falke für eine Frau – für eine Frau, die ihm ein Rivale abspenstig gemacht hat. Im 20. Jahrhundert hat sich in der Forschung die Ansicht durchgesetzt, dass es sich hier um eine Frauenklage handelt und der Falke folglich Symbol für den männlichen Geliebten ist. In neuzeitlichen Editionen des Liedes sind die Strophen stets als Frauenrede gekennzeichnet.

Bei dieser Interpretation ist jedoch etwas Grundlegendes übersehen worden: Obwohl uns der Text in schriftlicher Überlieferung vorliegt, darf man ihn nicht im Sinn eines Lesegedichts, wie wir es heute kennen, auffassen, denn der mittelalterliche Dichter hat ihn für den mündlichen Vortrag verfasst. Das Publikum kannte das Gedicht nur ‹live› vorgetragen. Stellt man sich den Text nun mündlich vom Dichter/Sänger vorgetragen vor, dann stellt man fest, dass man ihn nicht mehr so ohne Weiteres als Frauenrede auslegen kann, denn es fehlen Redeeinleitungen. Da Vorträge mit verteilten Rollen, Gesänge im Falsett und Ähnliches für den Vortrag von Minnesang nicht anzunehmen sind, stellt sich bei von einem Mann vorgetragenen Liedern die Frage, woran man erkennen soll, dass es sich um Frauenrede handelt.

Neuere Überlegungen zur Kunstgattung des vorgetragenen Liedes bieten dafür Erklärungsmöglichkeiten: Anders als es etwa bei einer Theateraufführung der Fall ist, tritt der Sänger beim Liedvortrag nicht als Schauspieler auf, der eine Rolle spielt, sondern als Künstler, der ein Lied vorträgt. Er ist an allererster Stelle Übermittler eines Liedes. Zwar wird im Vollzug des Vortrags eine liedinterne Sprechsituation entfaltet, der Sänger agiert jedoch nicht – wie es der Schauspieler tut – im internen Raum-Zeit-Rahmen des Liedes, sondern für alle wahrnehmbar außerhalb: Er steht/sitzt da und singt; seine Handlungsfreiheit ist durch das Instrument, das er spielt, eingeschränkt. Das ist auch für den Minnesangvortrag anzunehmen. Das heißt, das gesungene ‹Ich› ist zwar mit der Stimme und dem Körper des Vortragenden verbunden, jedoch bleibt es in gewisser Weise ein ‹freischwebendes› Element. Der Selbstbezug entfaltet sich hier nicht unmittelbar auf den Sänger bezogen, sondern im Sinne eines Angebots zur «konkretisierenden Aneignung» (Lehnert 1966, S. 123) durch den Hörer. Es ermöglicht diesem, das Ich auf sich selbst zu beziehen und damit seine eigene Lebensgeschichte, seine eigenen Gefühle und Empfindungen in den Liedvortrag einzubringen. Wenn dieser Effekt einsetzt, greifen lyrische Rede und Selbstwahrnehmung des Rezipienten ineinander: Der Rezipient beseelt das lyrische Ich, und das lyrische Ich steuert die Selbstwahrnehmung/Selbstthematisierung des Rezipienten. Das ist eine einzigartige Qualität von Gesang, sie kann sich in moderner Popmusik entfalten ebenso wie in Volksliedern. Voraussetzung dafür ist, dass das Ich unspezifisch bleibt. Da ein solches Angebot zur konkretisierenden Aneignung jedoch typisch für volkstümliche Liedtraditionen ist, kann es als ein Element angesehen werden, das das *Falkenlied* in diesen Kontext stellt. Der hohe Minnesang dagegen zeichnet sich durch spezifizierte Geschlechterrollen aus, die dieses Angebot eingrenzen.

Für die Interpretation des *Falkenlieds* heißt das: Auch unter Berücksichtigung der mündlichen Vortragssituation ist seine Deutung als Frauenrede nicht falsch, sondern einer von mehreren möglichen Zugängen zum Lied, die dem/r Rezipienten*in offenstehen. Denn das lyrische Ich bleibt beim mündlichen Vortrag weiterhin unbestimmt. Diese Sicht eröffnet auch für andere Strophen aus dem Kürenberg-Corpus neue Deutungspotenziale, was seine Diskussion gegenwärtig in Gang hält.

Höfische Liebe als Dienst an einer unerreichbaren Dame: Friedrich von Hausen

Friedrich von Hausen (Bll. 116v–119r), dessen Œuvre ein bis zwei Jahrzehnte später entstanden ist als das des Kürenbergers, gilt als führender Vertreter einer am Oberrhein lokalisierbaren Gruppe von Minnesängern, die das hohe Minneverhältnis (die Dienst-Lohn-Minne) aus der romanischsprachigen Lyrik in die deutsche Sprache importiert haben. Neben Friedrich zählen zu dieser – auch als ‹Hausen-Schule› bezeichneten Gruppe – Minnesänger, die zumindest ihrem Namen nach zum engeren oder weiteren Kreis des Stauferhofs gehört haben (z. B. Bligger von Steinach, Bernger von Horheim, Ulrich von Gutenburg, Kaiser Heinrich und Otto von Botenlauben) (Schweikle 1985, S. 86).

Der Name Friedrich von Hausen ist zwischen 1171 und 1190 mehrfach in Urkunden und Chroniken bezeugt. Zwar besteht bei solchen Erwähnungen stets das Problem, dass sie die genannte Person nicht als Sänger ausweisen und damit eine sichere Identifizierung nicht möglich ist. Im Falle Friedrichs geht man jedoch aus verschiedenen Gründen davon aus, dass es sich tatsächlich um den Minnesänger handelt (Hensel 1997, S. 199). Demnach war er Gefolgsmann des ersten staufischen Kaisers Friedrich I. Barbarossa. Er war Reichsministerialer mit diplomatischen Aufgaben und hat seinen Dienstherrn offenbar auch auf den Kreuzzug (dritter Kreuzzug: 1189–1192) begleitet. Denn überliefert ist, dass er am 6. Mai 1190 bei der Verfolgung feindlicher Türken nahe Philomelium (heute: Akşehir, Anatolien) ums Leben kam. Friedrich von Hausen wäre damit der erste deutschsprachige Autor, der urkundlich bezeugt ist, und darüber hinaus neben Otto von Botenlauben der Einzige, dessen Teilnahme an einem Kreuzzug belegt ist.

Das Autorenbild im Codex Manesse (Abb. 9) greift die Kreuzzugsthematik auf. Das Bild gehört zu den Erweiterungsformen, die sich den vier Grundtypen nicht zuordnen lassen. Es zeigt den Dichter in meditierender Haltung stehend auf einem Schiff auf hoher See. Er ist gekleidet in einen vornehmen roten Kapuzenmantel. Der Blick ist aufs Meer gerichtet, die rechte Hand zeigt auf zwei kämpfende Unholde darin, die linke ist zum Himmel erhoben. Die kämpfenden Wesen mit ihren hässlichen Gesichtern und Tierkörpern lassen sich als Vorausdeutung auf den bevorstehenden Kampf gegen die Muslime, die bei den mittelhochdeutschen Dichtern als *heiden* bezeichnet werden, deuten. Die hohen Wellen symbolisieren die Lebensgefahr. Dass der Maler nähere Kenntnis von Friedrichs Lebensgeschichte hatte und die Darstellung darauf bezieht, ist eher unwahrscheinlich. Das Wappen zumindest war ihm offenbar nicht bekannt, denn an seiner Stelle ist im oberen rechten Bildbereich der Mastkorb des Schiffes angebracht. Stattdessen scheint die Darstellung einmal mehr aus dem Œuvre des Dichters, das in diesem Fall mehrere Lieder mit Kreuzzugsthematik enthält, motiviert zu sein. Das über die Kampfszene gelegte Schriftband deutet den Textbezug an.

Friedrichs Werk umfasst im Codex Manesse 19 Lieder, die als früheste Vertreter des hohen Minnesangs gelten. Gegenüber der vorausgehenden deutschsprachigen Liebesdichtung, wie sie durch das Œuvre des Kürenbergers repräsentiert wird, verändert sich die Auffassung von Liebe hier grundlegend. An die Stelle der gegenseitigen Liebe tritt der Frauendienst. Der Mann unterwirft sich seiner Dame als Dienstmann in der Hoffnung auf Lohn, während jene den Dienst gleichgültig entgegennimmt und unnahbar und abweisend ist. Die abweisende Haltung der Frau spornt den Mann zu weiterer Verehrung an. Dieses einseitige spezifische Verhältnis zwischen Mann und Frau macht den hohen Sang zu einem einzigartigen Phänomen, das der historischen Mentalitätsforschung bis heute Rätsel aufgibt. Als gesichert gilt lediglich, dass die Grundkonstellation des Frauendienstes zur Zeit Friedrichs von Hausen im romanischen Sprachraum vorgeprägt war und durch Autoren wie ihn in die deutsche Sprache übernommen wurde. Friedrichs Lieder sind dabei keine getreulichen Nachahmungen der romanischsprachigen Minnelyrik, sondern thematische und motivische Aspekte werden mit Elementen der heimischen Lyrik verbunden. Auf diese Weise entstand ein eigenständiges Werk, das die Entwicklung des mittelhochdeutschen Minnesangs entscheidend mitprägte.

Zentrales Thema von Friedrichs Liedern ist das Leid, das ein männliches Ich aufgrund der Unerreichbarkeit der von ihm verehrten Dame empfindet. Die Distanz zur Dame kann durch äußere Faktoren bedingt sein, durch die Gesellschaft, die dem Zustandekommen des Minneverhältnisses entgegentritt, oder durch räumliche Trennung, stets aber ist auch ein inneres Hemmnis mitverantwortlich, nämlich die Abweisung durch die Dame. Der Konflikt, der für das Ich daraus resultiert, dass er etwas will (nämlich die Frau), was er nicht bekommt, setzt die Minnereflexionen – die Verbalisierung von Trauer, Sehnsucht und Hoffnung – in Gang. Hier ein Beispiel für solche ‹Gedankenminne›:

Friedrich von Hausen (Bl. 118v)

Ich denke underwilen.
ob ich ir nahe were.
was ich ir wolte sagen.
das kurzet mir die milen.
swenne ich ir mine swere.
so mit gedanken mac klagen.
mich sehent ze mengen tagen.
die liute in der geber*de*
als ich niht sorge müge tragen.
des můz ich verzagen. (I)

Het ich so hoher minne.
mich nie underwunden.
min mo͡hte werden rat.
ich tet es ane sinne.
des lide ich zallen stunden.
not dü mir nahe gat.
min stete mir nu hat.
daz herze also gebunden.
daz si es niht scheiden lat.
von ir als es nu stat. (II)

Es sint gr$\overset{e}{o}$ze wunden.
die ich aller sereste minne.
dü waz mir ie geve.
ich wünsche inkurzen stunden.
daz niemer man gewinne.
kumber der also nahen ge.
erkennen wande ich in e.
nu han ich in bas befunden.
mir waz daheime we.
und hie wol dristunt me. (III)

Swie kleine es mich vervahe,
so fr$\overset{e}{o}$we ich mich doch sere.
daz mir nieman erwern kan.
ine gedenke ir nahe.
swar ich landes kere.
den trost sol si mir lan.
wil sis für gůt enpfan.
des fr$\overset{e}{o}$we ich mich iemer mere.
wan ich für alle man.
ir ie waz undertan. (IV)

(I) Ich frage mich bisweilen, / wenn ich ihr nahe wäre, / was ich ihr sagen würde. / Es verkürzt mir den Weg, / wenn ich meinen Kummer / so in Gedanken beklage. / Ich gebe mich stets / vor den Leuten so, / als ob ich keine Sorgen hätte (wörtlich: ‹Mich sehen oftmals / die Leute in der Haltung / als ob ich keine Sorgen hätte›). / Das bringt mich zur Verzweiflung. (II) Hätte ich mich so hoher Minne / niemals unterworfen, / dann könnte mir geholfen werden. / Ich tat es ohne Verstand. / Deshalb leide ich andauernde / Not, die mir nahegeht. / Meine Beständigkeit hat mir / das Herz so fest gebunden, / dass es sich nicht trennen lässt / von ihr. So steht es um mich. (III) Es sind große Wunden. Diejenige, die ich aufs Schmerzlichste liebe, / die war mir schon immer feindlich gesinnt. / Ich wünsche inständig, / dass niemand / einen Kummer erfahre, der so nahegeht. / Zu kennen glaubte ich ihn bereits zuvor, / nun aber habe ich ihn noch besser kennengelernt. / Mir ging es zu Hause schlecht, / und hier (geht es mir) noch tausendmal schlechter. (IV) Wie wenig es mir auch nützt, / so freue ich mich doch sehr darüber, / dass mich niemand daran hindern kann, / mich ihr nahe zu denken, / wohin ich auch gehe. / Diesen Trost soll sie mir lassen. / Wenn sie das für gut befindet, / so freue ich mich umso mehr. / Denn mehr als alle anderen Männer / war ich ihr stets ergeben.

Das Leid, das der Mann aufgrund seiner unglücklichen Minnesituation empfindet (III,3), wird in diesem Lied durch den Umstand verschärft, dass er sich auf einer Reise befindet. Denn erst in der Ferne wird ihm vollends bewusst, dass sein Herz untrennbar an die ihm feindlich gesinnte Minnedame (III,3) gefesselt ist (II,8–10 / III,8–10). Bei dieser Erkenntnis bleibt es nicht, sondern es wird nach einem Ausweg aus der Misere gesucht, der schließlich in Form einer gedanklichen Selbstüberlistung gefunden wird. Strophe IV führt den emotionalen Umschwung des Sprechers von Leid zu Freude vor. Ausschlaggebend dafür ist die Erkenntnis, dass ihm bei aller Aussichtslosigkeit seines Begehrens doch zumindest die Möglichkeit bleibt, sich die Geliebte nahe zu *denken* (IV,1–5). Dieser mögliche Ausweg wird allerdings sogleich wieder durch den Absolutheitsanspruch des Minnediensts in Frage gestellt: Die Bindung des Liebenden an seine Dame ist so stark, dass er um ihre Zustimmung bangt, ihr in Gedanken nahe sein zu dürfen (IV,6–8). Hier zeigt sich, dass die Dame, die abstraktes Reflexionsmedium bleibt, über allem steht; das Selbstbild des Mannes ist vollkommen abhängig von ihr. Schließlich jedoch rechtfertigt er seine Entscheidung, an sie denken zu dürfen, mit der Beständigkeit seines Dienstes, die er trotz mangelnder Anerkennung seit jeher – und besser als alle anderen – aufrechterhält (IV,6–10). Das im Lied entworfene komplexe Minneverhältnis wird explizit als *hohe minne* bezeichnet (II,1).

Erklärungsversuche für das Phänomen des höfischen Frauendiensts hat es viele gegeben. Der wohl bekannteste stammt vom Soziologen Norbert Elias (1939). Elias setzt bei der Überlegung an, dass das durch die Haltung der Dame und/oder der höfischen Gesellschaft bedingte Distanzverhältnis des Ritters zur Dame diesem ein hohes Maß an Affektkontrolle abverlangt: Einerseits ist er gefordert, sein physisches Begehren mental zu bewältigen, andererseits seinen quälenden Kummer nach außen hin zu verbergen (oben zu sehen: I,7–10). Die Minnedichtung bietet damit Modelle für die Verbalisierung und psychische Gestaltung von Empfindungen, für das Hinauszögern oder gar das Sich-Versagen sexueller Annäherung und stellt so ein kulturelles Medium zur Eindämmung und Kontrolle von affekt- und triebgesteuertem Handeln dar. Im Kern dient diese Konstruktion nach Elias dazu, ein Konzept von kultivierter Männlichkeit zu entfalten, das die kulturelle Überlegenheit des adligen Mannes (und damit seinen gesellschaftlichen Führungsanspruch) indirekt in dessen freiwilliger Selbstunterwerfung und der damit einhergehenden Überhöhung des Gegenübers zum Ausdruck bringt.

Aus einer anderen Perspektive argumentiert der Romanist Erich Köhler (1970), der den höfischen Frauendienst als Metapher für den im mittelalterlichen Lehnswesen begründeten Herrendienst auffasst und den hohen Sang damit als Ausdrucksmedium des sich an den Höfen zu der Zeit neu etablierenden Ministerialenstands, der in der Dienstmetaphorik sein Selbstverständnis, seine Aufstiegswünsche, seine Frustrationen formuliert habe. Diese These, die großen Einfluss auf die Forschung hatte, gilt heute als überholt. Die Kritiker*innen verweisen vor allem darauf, dass weder die Verfasser noch die Rezipient*innen des Minnesangs primär dem Ministerialenstand zuzuordnen sind, sondern dem gesamten Adel (also auch dem Hochadel) sowie – zumindest seitens der Autoren – auch nichthöfischen Schichten (unter anderem Peters 2004).

Heute scheint sich eine Köhlers These modifizierende sowie den Elias'schen Ansatz miteinbeziehende Auffassung durchzusetzen, die den hohen Minnesang als poetisches Ausdrucksmedium des *gesamten* Adels begreift: als eine Art Identifikations- und Selbstbeschreibungsmodell, das Wertvorstellungen, Ideen und Normen zur Sprache bringt (wie: Treue, Beständigkeit, Selbstbescheidung, Idealisierung des Dienstes), die in der höfischen Gesellschaft des 12. Jahrhunderts eine «unverbindliche Maßgeblichkeit» besessen haben (J.-D. Müller 2004), und das mittels der Leitdifferenz höfisch/nichthöfisch an der Abgrenzung der höfischen gesellschaftlichen Sphäre gegenüber anderen Bereichen der mittelalterlichen Gesellschaft mitwirkte (Egidi 2002).

Liebe als herzeliebe*: Walther von der Vogelweide*

Walther von der Vogelweide (Bll. 124r–145v), der etwas später zu datieren ist als Friedrich von Hausen, gilt als der bedeutendste Lyriker des Mittelalters. Sein Werk, das ca. 240 Lieder und Sprüche sowie einen Leich umfasst, ist – abgesehen von dem Neidharts – das am besten dokumentierte. Die geografisch breit gestreute Überlieferung in annähernd 30 Handschriften des 13. und 14. Jahrhunderts zeugt von seiner über den Tod hinausreichenden Bekanntheit und Beliebtheit; im 15. Jahrhundert gehörte er dann zu den zwölf alten Meistern des Meistersangs.

Walther ist der erste Dichter, der in seinem Werk alle drei in der mittelhochdeutschen Lyrik damals gepflegten Gattungen vereinigt: Minnesang, religiöse Dichtung und als Schwerpunkt Sangspruch (ca. 150 der 240 unter seinem Namen überlieferten Texte werden der Gattung Sangspruch zugeordnet). Was den Minnesang betrifft, ist sein Werk äußerst vielseitig: Es enthält ‹klassische› Minnelieder im Stil Friedrichs von Hausen genauso wie solche, die zur mehr und mehr übersteigerten Fiktion hoher Minne begrifflich ausgearbeitete Gegenpositionen entwickeln. Ein zentraler Begriff ist hier der der *herzeliebe* (neuhochdeutsch: Herzensliebe/Herzensfreude). Mit diesem wendet sich Walther programmatisch gegen das einseitige Liebeskonzept des hohen Sangs und definiert Liebe stattdessen als eine Neigung, die von zwei Herzen ausgeht und damit gegenseitig und für beide Beteiligten in einem positiven Sinn erfüllend ist. Dabei war die Idee der gleichberechtigten, Freude und Leid auf beide Partner verteilenden Liebe zu Walthers Zeit nichts Neues – denn er kehrt damit in gewisser Weise zur ‹unkomplizierteren› Liebesauffassung des frühen Minnesangs (wie sie unter anderem durch das Werk des von Kürenberg repräsentiert wird) zurück –, jedoch hat er sie als Erster zur These geprägt.

Ein anderer Aspekt von Walthers Liebesdichtung, der in einigen – auch als ‹Mädchenlieder› bezeichneten – Texten auftritt, ist, dass an die Stelle der höfischen Dame (mittelhochdeutsch: *vrouwe*) eine davon abgesetzte Frauengestalt tritt, nämlich die *maget* (Scholz 2005, S. 119–128). Das Brisante daran ist nicht – wie die frühere Forschung gerne postulierte –, dass es in diesen Liedern um eine standesüberschreitende Liebe zwischen einem Ritter und einem Bauernmädchen gehen würde. Das ist deshalb schon nicht der Fall, weil das mittelhochdeutsche Wort *maget* – anders als es neuhochdeutsch ‹Magd› vielleicht suggeriert – ständisch nicht definiert ist, sondern wertneutral das unverheiratete Mädchen (die ‹Jungfrau›) bezeichnet. Auffallend an diesen Liedern ist jedoch, dass sich die Darstellung der Frauengestalt einer ständischen Zuordnung entzieht und Liebe dadurch als ein Prinzip erscheint, das jenseits von Standesgrenzen gedacht wird. Das wiederum kann für die mittelalterliche Hofgesellschaft, in der Eheschließungen nur innerhalb des eigenen Standes möglich waren, keinesfalls selbstverständlich gewesen sein.

Walther ist der einzige mittelhochdeutsche Minnesänger, dessen Name in einem historischen Dokument in Verbindung mit der Bezeichnung ‹Sänger› vorkommt, wodurch die Bezeugung hier als gesichert gelten kann. In den sogenannten Reiserechnungen des Bischofs von Passau, Wolfger von Erla, ist vermerkt, dass ‹Walther, der Sänger von der Vogelweide› am 12. November 1203 im österreichischen Zeiselmauer fünf lange Schillinge (d.h. 150 Denare [Silberpfennige]) für einen Pelzmantel erhalten habe (*sequenti die apud zei*[*zemurum*] *walthero cantori de vogelweide pro pellicio. V. sol, longos* [wörtlich: ‹lange Solidi›], zitiert nach Scholz 2005). Das Lebenszeugnis belegt, dass Walther zu dieser Zeit als Sänger bekannt war und im Raum Passau zu lokalisieren ist. Offen bleibt jedoch, in welchem Verhältnis er zum Bischof von Passau stand. Denn wofür er den Pelzmantelbetrag erhielt – ob als Entlohnung für seine Liedkunst oder aber für andere Diensthandlungen –, geht daraus nicht hervor. Fragen wirft zudem die Bezeichnung als *cantor* auf, die für diese Zeit vor allem im kirchlichen Kontext belegt ist. Sie könnte darauf hinweisen, dass Walther eine spezielle geistliche Schulbildung genossen hat (Scholz 2005, S. 12).

So wertvoll dieses Lebenszeugnis ist, eine Dichterbiografie lässt sich daraus nicht ableiten: Woher Walther stammte, welchem Stand er angehörte, womit er seinen Lebensunterhalt bestritt, wo er sich als Künstler überall aufhielt, wer seine Gönner waren – über all das ist bis heute nichts Genaues bekannt. Alle Informationen hierzu stammen aus seiner Dichtung (vor allem den Sangsprüchen) und können nicht als gesichert gelten. Diese deutet darauf hin, dass er um 1170 vermutlich in Österreich geboren wurde und im Laufe seines Lebens weite Teile Europas bereist hat, wobei er sich an verschiedenen Höfen meist nur kurze Zeit aufhielt. In welcher Funktion er unterwegs war – ob primär als Vortragskünstler oder eventuell betraut mit noch anderen Aufgaben –, ist unklar (vgl. S. 111–112). Zu den ersten Stationen gehörte wohl der Wiener Hof Herzog Friedrichs I. von Österreich (Frühjahr 1198), an den er im Laufe seines Lebens immer wieder zurückgekehrt zu sein scheint. Es folgen Aufenthalte am Hof des staufischen Thronkandidaten Philipp von Schwaben (1198–1201) sowie des Landgrafen Hermann I. von Thüringen (1201/erneut nach 1213/14 bis längstens April 1217). Des Weiteren sprechen die Lieder für Bindungen an folgende Fürsten: Wolfger von Erla (1203), Kaiser Otto IV. (1212/13 oder bis 1216?), Markgraf Dietrich von Meißen (1212/13), König (ab 1220 Kaiser) Friedrich II. (seit Ende 1213/14 oder erst seit 1216?), Herzog Bernhard II. von Kärnten (1215/16?), Graf Diether II. von Katzenellenbogen (nach 1220) und Erzbischof Engelbert I. von Köln (1225).

Von Friedrich II. erhielt Walther wohl noch vor dessen Kaiserkrönung (1220) ein Lehen, das – worauf ein Bericht des Würzburger Protonotars Michael de Leone aus der Mitte des 14. Jahrhunderts hinweist – im Raum Würzburg gelegen haben könnte. Das letzte datierbare Lied Walthers, die sogenannte *Elegie*, enthält einen Aufruf an die Ritterschaft, am Kreuzzug Friedrichs II. von 1228/29 teilzunehmen. Walther wird bald darauf (wohl spätestens 1230) gestorben sein und wurde, falls der Angabe Michaels de Leone zu trauen ist, in Würzburg begraben. Jener berichtet nämlich, Walthers Grab befinde sich in Würzburg im Grashof der Neumünsterkirche (heute bekannt als Lusamgärtchen), und teilt eine Grabinschrift mit, die er dort gesehen haben will (Scholz 2005, S. 1–17). Seit 1930 erinnert im Lusamgärtchen ein Gedenkstein in Form einer stilisierten Tumba an den Dichter.

Das Autorenbild im Codex Manesse (Abb. 10) gehört zum Typus des alleine sitzenden, meditierenden Autors. Der Autor sitzt auf einem kleinen mit Kleeblättern bewachsenen Hügel. Das linke Bein hat er so über das rechte geschlagen, dass er den Arm, in dessen Hand Kinn und Wange geschmiegt sind, auf das hochgestellte Knie stützen kann. Diese Pose zeigt in einer Deutlichkeit, wie es sonst selten der Fall ist in den C-Miniaturen, dass die spezifische Ausgestaltung des Bildtypus durch das Werk des darzustellenden Dichters inspiriert ist, denn sie illustriert exakt die Eingangsverse von Walthers berühmtem ersten Reichston, der sich im Codex Manesse auf der zweiten Textseite befindet (Bl. 125r V. 37–42): *Ich sas uf eime steine/do dahte ich bein mit beine./dar uf satze ich min ellenbogen/ch hete in mine hant gesmogen./daz kinne und ein min wange./do dahte ich mir vil ange./wie man zer welte solte leben.* Die Text-Bild-Relation indes wird hier in ihrer Komplexität dadurch gesteigert, dass die zitierten, bildgebenden Eingangsverse des Reichstons ihrerseits durch die traditionelle Bildformel des sitzenden und meditierenden Dichters geprägt sein dürften, wobei Walther diese – entsprechend seiner Ausgestaltung des lyrischen Ichs als ‹Richter› über das Weltgeschehen – durch ein Element erweitert, nämlich die übereinandergeschlagenen Beine, die weniger für Dichter- als vielmehr für Richter- und Gesetzgeberdarstellungen typisch waren (Walther 1992, S. 92). Das heißt: Walther nahm ein traditionelles ikonografisches Motiv auf, variierte es und übersetzte es in Sprache. Dieses sprachlich erzeugte Bild wiederum wurde vom C-Maler in eine bildkünstlerische Darstellung ‹rückübersetzt› (Walther 1992, S. 92). Der Reiz solcher Miniaturen wird für den mittelalterlichen Betrachter sicher auch in der vielschichtigen Beziehung zwischen Bild und Text gelegen haben, die er, wenn er sie verstand, nachvollziehen konnte.

Die die Autorfigur umgebenden Bildelemente – Name, Wappen, Helm, Schwert, Schriftband – haben keinen historischen Zeugniswert; sie stellen Walther als einen dem Freiherrengeschlecht angehörenden Ritter und Dichter dar. Das Wappen, das einen elegant schreitenden Vogel in einem Vogelkäfig zeigt, ist unbezeugt; es scheint aus der sprechenden Herkunftsbezeichnung ‹Vogelweide› hervorzugehen.

Unter den zahlreichen Handschriften, die Walthers Gedichte überliefern, bietet der Codex Manesse mit insgesamt 440 Strophen und einem Leich das weitaus reichhaltigste Œuvre des Dichters (an zweiter Stelle folgt die Würzburger Liederhandschrift E [Würzburg, Mitte 14. Jh.] mit 212 Strophen). Der Minnesang (ebenso wie der Sangspruch und die religiöse Dichtung) ist darin in einem breiten Typenspektrum vertreten, wobei Walthers ‹Arbeit› am höfischen Liebeskonzept, seine Kritik an der einseitigen hohen Minne, sein Plädoyer für die gegenseitige, von Herzen kommende Liebe, ein zentrales Thema der in C überlieferten Minnelieder ist. Ein Beispiel dafür ist C 240–243 (Bl. 135r), das neben C noch in drei weiteren Handschriften in jeweils abweichenden Versionen überliefert ist. Es sei hier in der (in den gängigen Editionen nicht zu findenden) C-Version vorgestellt:

Walther von der Vogelweide (Bl. 135r)

Kan min frowe sͤuze suren.
wenet si daz ich gebe lieb umbe leit.
sol ich si dar umbe t*ü*ren.
daz si es wider kere gar an min unwerdekeit.
so kunde ich unrehte spehen.
we waz sprich ich orenloser oͦgen ane den dü minne blendet wie
mac der gesehen. (I)

Saget mir ieman waz ist minne.
so west ich gerne oͦch darumbe me.

swer sich rehte nu versinne.
der berihte rehte mich wie tůt si we.
minne ist minne tůt si wol.
tůt si we sone heizet si niht minne sus enweis ich wie si danne heizen sol. (II)

Ob ich rehte raten kunne.
waz dü minne si so sprechent ia.
minne ist zweier herzen wünne.
teilent si geliche so ist dü minne da.
sol aber ungeteilet sin.
so enkan si ein herze aleine niht enthalden owe woldest du mir helfen frowe min. (III)

Frowe ich eine trage ein teil zeswere.
wellest du mir helfen so hilf an der zit.
si aber ich dir gar unmere.
daz sprich endeliche so lâze ich den strit
unde wirde ein ledic man.
du solt aber eines wizzen daz dich rehte lützel ieman bas danne ich geloben kan. (IV)

(I) Kann meine Dame Süßes sauer machen? / Glaubt sie, dass ich ihr Liebe für Leid gebe? / Soll ich ihr Lob dafür singen, / dass sie es für mich in Schmach verwandelt? / Dann hätte ich wohl den Überblick verloren. / Doch weh, was sage ich Tauber, Blinder? Den, den die Liebe blendet, wie soll der sehen können? (II) Kann mir jemand sagen, was Minne ist? / Ich wüsste gerne mehr darüber. / Wer sich darauf versteht, / der erkläre mir, warum sie so wehtut. / Minne ist Minne, wenn sie guttut. / Tut sie weh, dann heißt sie zu Unrecht Minne. Doch weiß ich nicht, wie sie dann heißen soll. (III) Wenn ich richtig rate, / was die Minne ist, so sagt: «ja!» / Minne ist das Glück zweier Herzen. / Ist sie gleich verteilt, dann handelt es sich um Minne. / Wird (die Minne) aber nicht geteilt, / vermag ein Herz allein sie nicht zu tragen. Ach, würdest du mir nur helfen, meine Dame! (IV) Dame, ich alleine tragen einen Teil zu viel. / Willst du mir helfen, dann hilf schnell! / Bin ich dir aber ganz und gar gleichgültig, / dann sprich es aus.

Dann gebe ich die Mühe auf / und werde ein freier Mann. / Doch eines sollst du wissen: dass dich niemand besser loben kann als ich.

Das Lied umfasst Minnereflexionen eines unglücklich liebenden Mannes, die sich in ihrer Dringlichkeit von Strophe zu Strophe steigern: Es hebt mit einer monologisch vorgebrachten Infragestellung des einseitigen Minneverhältnisses an, in das das lyrische Ich qualvoll und unentrinnbar verstrickt ist. In der zweiten Strophe erfolgt ein Wechsel in eine dialogische Sprechsituation, indem sich das Ich nun in direkter Rede an ein unbestimmtes Kollektiv richtet und dieses um Rat ansucht hinsichtlich der Frage, was Minne ist (II,1). Dieses angesprochene Kollektiv kann ganz allgemein als die liedinterne Instanz der höfischen Gesellschaft aufgefasst werden, die den Resonanzraum für die Reflexionen des Sprechers bildet, in der mündlichen Vortragssituation weisen solche weisenden Sprachgesten jedoch über die Textgrenzen hinaus auf die Hörerschaft des Liedvortrags. Das heißt, die Hörer*innen können sich hier angesprochen fühlen. Das wiederum hat zum einen den Effekt, dass das Ich des Liedes nun nicht mehr nur als unglücklich Liebender erscheint, sondern zugleich auch als Vortragskünstler, und zum anderen, dass es zu einer Identifizierung des Lied-Ichs mit dem real anwesenden Sänger (also Walther) kommt.

Die direkte Ansprache, mit der sich der Sprecher die Aufmerksamkeit des Publikums zusichert, ist das Signal für den Beginn der Erörterung des Wesens von Minne, die sogleich auch ein begriffliches Problem aufwirft: ‹Minne ist Minne, wenn sie guttut. / Tut sie weh, dann heißt sie zu Unrecht Minne. Doch weiß ich nicht, wie sie dann heißen soll.› (II,5–6) Diese Frage leitet über zur dritten Strophe, in der eine Intensivierung der Rede erfolgt, indem das Ich das angesprochene Publikum zur Beteiligung auffordert: ‹Wenn ich richtig rate, / was die Minne ist, so sagt: «ja!»› (III,1–2) Es folgt eine – der hohen Minne diametral entgegengesetzte – Definition von Minne als ein von zwei Herzen ausgehendes Glück, bei dem Freude und Leid auf beide Partner zu gleichen Teilen aufgeteilt sind (III,3–4). Diese

Aussage mündet in eine abermalige Intensivierung der Rede, indem sich das Ich nun in direkter Rede an seine (als anwesend gedachte) Dame richtet und diese um Erhörung anfleht (III,6). Das Lied endet mit der an sie gerichteten Bitte des Ich, ihm zu helfen, indem sie ihn endlich darüber aufklären soll, welche Chancen er tatsächlich bei ihr hat – dies geschieht nicht, ohne (in hochminnesängerischer Manier) an die beständige Verehrung zu erinnern, die sie durch ihn erfahren hat (IV).

Es ist zu sehen, dass die Kritik an der einseitigen, hohen Minne mittels rhetorischer Fragen, Publikumsanreden, Aufforderungen zur Beteiligung sowie der Inszenierung von Selbstbezügen argumentativ geschickt vorgebracht wird. Walthers Gegenbegriffe und -konzepte von Liebe waren für den Minnesang des 13. Jahrhunderts prägend.

Höfische Liebe im Zerrbild gegenhöfischer Welt: Neidhart

Neidhart (Bll. 273v–280v), ein etwa ein bis zwei Jahrzehnte jüngerer Zeitgenosse Walthers von der Vogelweide, ist zweifellos einer der originellsten und wirkungsvollsten mittelhochdeutschen Lyriker. Die Überlieferung der ihm zugeschriebenen Lieder unterscheidet sich in mancher Hinsicht von der sonstigen Minnesang-Überlieferung: Erstens liegen außergewöhnlich viele Handschriften aus einem außergewöhnlich langen Zeitraum vor; zweitens bieten sie außergewöhnlich stark voneinander abweichende Textbestände; drittens enthalten einige von ihnen auch Melodieaufzeichnungen. Alles in allem stehen in 25 Handschriften und drei Drucken vom 13. bis 16. Jahrhundert über 150 Lieder mit etwa 1500 Strophen. Die Neidhart-Überlieferung liegt damit noch vor der Walther-Überlieferung und ist die am besten dokumentierte Lyrik des Mittelalters (Schweikle 1990).

Ebenso wie für Walther von der Vogelweide kann für Neidhart eine gewisse Berühmtheit im 13. Jahrhundert (zu seiner Lebenszeit und darüber hinaus) vorausgesetzt werden. Einiges deutet darauf hin, dass die beiden nicht nur Zeitgenossen waren, sondern zeitweise auch in einem Konkurrenzverhältnis zueinander standen. Zwar sind keine persönlichen Begegnungen bezeugt, jedoch lassen sich einige ihrer Lieder als Reflexe einer poetischen Interaktion deuten. In Walthers Liedern etwa wird des Öfteren das ‹neu an den Höfen zu hörende *dörperliche* Singen› beklagt (Scholz 2005, S. 145), und Neidharts Lieder wiederum enthalten Stellen, die sich als polemische Replik auf Walthers Liedkunst begreifen lassen (so zum Beispiel das ausschließlich im Codex Manesse überlieferte Refrainlied C 210–212 [Bl. 280r], das Walthers berühmtes *Lindenlied* zu karikieren scheint).

Die Tatsache, dass sich Walther von der Vogelweide auch heute noch allgemeiner Bekanntheit erfreut, wohingegen Neidhart weitgehend in Vergessenheit geraten ist, geht auf die – einleitend bereits angesprochene – Sondierung und Bewertung der mittelhochdeutschen Literatur im 19. Jahrhundert – allen voran durch Karl Lachmann (1793–1851) und Moriz Haupt (1808–1874) – zurück. Die damaligen Germanisten waren von einem nationalistischen und sich an ästhetischen und moralischen Vorstellungen des 19. Jahrhunderts orientierenden Literaturbegriff geprägt. Während Walthers Dichtung davon profitierte, hatte sie für Neidhart zur Folge, dass ein Großteil seiner Lieder als unechter erotischer «Schmutz» eingestuft und ausgesondert wurde (Haupt 1858). Zwar wurde ein Teil der Lieder – wenn auch in stark überarbeiteter Form – ediert (Haupt 1858), in Lyrikanthologien fanden sie jedoch nur selten Aufnahme. Heute ist die nationalästhetische Literaturwissenschaft als Forschungsparadigma zwar verabschiedet, jedoch wirkt sie sich nach wie vor auf die Erforschung der mittelhochdeutschen Lyrik aus, da unsere Kenntnis derselben noch weitgehend auf den Editionen aus dem 19. Jahrhundert beruht.

Walthers und Neidharts Minnelieder stehen in der zu Beginn des 13. Jahrhunderts im deutschen Sprachraum etablierten Tradition des höfischen Minnesangs. Während Walther der hohen Minne das Modell der überständischen, gegenseitigen und erfüllten Liebe entgegensetzt, gilt Neidhart als der große Dichter des Tabu- und des Normbruchs. Sein Œuvre steht im Zeichen des Kampfes gegen Statik und Ordnung. Seien es abrupte Perspektiven- und Tempuswechsel sowie eine Sprache, deren Sprunghaftigkeit eine Syntax der Mündlichkeit fingiert; seien es Naturdarstellungen, in denen sich die personifizierten Naturmächte um das Blütengewand des Waldes prügeln und liebeshungrige Akteure zu Abenteuern aufbrechen, um dabei jegliche höfische Verhaltensnormen zu übertreten – Ordnung wird konsequent bekämpft. Durch die so gestaltete Inszenierung von Regelverletzungen ist ein komplexes Werk entstanden, das ein vom Minnesang geprägtes und gesättigtes Publikum vergnügte, aber auch irritierte und provozierte.

Die Neuerung indes besteht weniger darin, dass eine neue Auffassung von höfischer Liebe entwickelt würde, als vielmehr in der Thematisierung der im Minnesang zu der Zeit etablierten Leitbegriffe, Handlungsmuster, Rollenkonstellationen und Interaktionsformen aus einer Gegenposition: Das Minnegeschehen wird ins ländlich-bäuerliche Milieu der *dörper* (neuhochdeutsch: Dorfbewohner, mittelhochdeutsches Lehnwort aus dem Flämischen) verlagert und von hier aus neu konturiert und zur Disposition gestellt. Neidharts *dörper*-Welt weist zwar Elemente der historischen bäuerlichen Alltagswelt auf, jedoch sind die *dörper* nicht mit dem realen Bauernstand gleichzusetzen. Vielmehr handelt es sich um von Neidhart geschaffene Kunstfiguren, die einen überständischen Verhaltenstypus repräsentieren, der die höfischen Idealbilder konterkariert. Die *dörper* imitieren das Höfische, sie verstoßen dabei jedoch permanent gegen die im höfischen Diskurs zu der Zeit etablierten Wertvorstellungen, Normen und Ideen. Diese Darstellung geht mit einer Übersetzung der im Minnesang vor Neidhart vorherrschenden geistig-intellektuellen Auseinandersetzung mit der Liebesthematik in körperhafte Konstellationen einher.

Neidhart war ein zentraler Impulsgeber für die im Codex Manesse dominant vertretene Lyrik des 13. Jahrhunderts. Etliche darin enthaltene Werke sind in seinem Stil verfasst (vgl. unter anderem *Burkhard von Hohenfels* [110r–113r], *Goeli* [262v–263v], *Geltar* [320v–321r], *Johannes Hadlaub* [371r–380v], *Konrad von Kirchberg* [24r–25r], *Steinmar* [308v–310v], *der Taler* [303r–304r]). Eine Besonderheit ist, dass sich der Autorname mit der Zeit zu einer Art mittelalterlichen Gattungsbezeichnung entwickelt hat. In Handschriften des 15. Jahrhunderts kann die Bezeichnung *ein Nithart* unabhängig von der Verfasserschaft für Lieder stehen, die Neidharts *dörper*-Thematik aufweisen. Textgeschichtlich betrachtet, reduziert sich das komplexe Aussagesystem allerdings zunehmend auf den einfachen Gegensatz von Ritter versus Bauer bzw. auf das Thema der Bauernfeindschaft (Bleuler 2008).

In einer anderen Art und Weise verselbständigt sich der Autorname im frühneuzeitlichen Schwankbuch *Neidhart Fuchs* (erschienen zwischen 1491 und 1566 in drei süddeutschen Druckausgaben mit Holzschnitten). Dieses enthält eine in Gedichten verfasste Lebensgeschichte, die sich an die fiktive Sängerfigur aus Neidharts Liedern anlehnt. Das Schwankbuch nennt seinen Protagonisten *Neidhart Fuchs* und macht diesen zum Rat Herzog Ottos des Fröhlichen von Österreich (1301–1339) sowie zum Kollegen des allgemein als historisch geltenden Pfarrers von Kahlenberg. Es ist denkbar, dass es im 14. Jahrhundert am Wiener Hof einen Neidhart-Nachfolger gegeben hat, der in die Rolle des Liederdichters Neidhart schlüpfte und womöglich zu den Verfassern und Verbreitern der Neidhart-Lieder gehörte.

Über den historischen Autor Neidhart indes finden sich keinerlei urkundliche Zeugnisse. Aus der Erwähnung Neidharts in einem Roman Wolframs von Eschenbach (dem *Willehalm*, entstanden zwischen 1215 und 1220) sowie aus zeithistorischen Bezügen in seinen Liedern lässt sich schließen, dass er spätestens im Verlauf des zweiten Jahrzehnts des 13. Jahrhunderts einem breiteren Publikum bekannt und im bayerisch-österreichischen Raum mindestens bis in die 1230er-Jahre als Sänger aktiv gewesen sein muss. Dialektmerkmale sowie Selbstaussagen in den Liedern legen nahe, dass er aus Bayern (womöglich aus Landshut) stammte und im Laufe seines Lebens nach Österreich umsiedelte, wobei dieser um 1230 angenommene Wechsel – dies legen die mannigfachen Erwähnungen im Œuvre nahe – einen tiefgreifenden Wandel in seinem Leben darstellte. Als neuer Wohnort wird *medelicke* genannt (entweder: Mödling oder

Mölk, beides in der Nähe von Wien), als neuer Gönner Friedrich II. der Streitbare von Österreich (1211–1246). Der in den Liedern vielfach betrauerte Wechsel von Bayern nach Österreich wird einmal mit dem Verlust der Hulde des Herrn, des Herzogs Ludwigs I. von Bayern (1173–1231), begründet, ein anderes Mal damit, dass in Bayern die Steuern zu hoch seien und einmal sogar damit, dass Neidharts Haus in Bayern angezündet worden sei.

Die genaue Herkunft und der Stand Neidharts, dessen Name unter Umständen lediglich ein Künstlername ist (*Nithart* neuhochdeutsch: der Feindselige), liegen im Dunkeln. Der in der früheren Forschung verwendete Namenszusatz *von Rüwental* basiert auf einer unzulässigen Gleichsetzung des realen Autors mit dem in den Liedern entworfenen fiktiven Sänger-Ich, das wahlweise als *Ritter von Rüwental* und – in verwirrungsstiftender Übereinstimmung mit dem Autornamen (!) – als *Neidhart* bezeichnet wird. Dafür, dass der reale Autor ohne den Namenszusatz firmierte, sprechen indes die zahlreichen zeitgenössischen literarischen Erwähnungen des Dichters sowie die Corpus-Überschriften in den Handschriften, die ihn allesamt als *Her Nithart* titulieren.

Das Autorenbild im Codex Manesse (Abb. 11) greift die *dörper*-Thematik auf. Es gehört zu den Erweiterungsformen, die den Autor interagierend mit einer ihn umgebenden Menschengruppe zeigt. Die höfischen Schönheitsidealen entsprechende Autorgestalt erscheint zwischen Figuren, die zwar mit höfischen Attributen ausgestattet sind, die jedoch Züge unmäßiger Übersteigerung aufweisen: Die Kleiderstoffe sind zu bunt, zu stark gemustert, die Schwerter der beiden rechts im Bild stehenden Figuren überdimensional groß. Ihre Gesichtszüge sind nicht schön, sondern hässlich (spitze Nase, spitzes Kinn), ihre Haltung gebeugt. Unverkennbar wird der Autor hier im Kreis seiner Protagonisten – der *dörper* – dargestellt, die ihn drohend bedrängen und gegen die er sich in einem Abwehr- und Abschwörungsgestus zu verteidigen sucht. Auffallend ist, dass Standesinsignien in dieser Miniatur zwar weitgehend fehlen (wie es auch bei anderen als nicht ritterbürtig dargestellten Autoren der Fall ist), dass sie jedoch eine in einer Vorzeichnung belassene Wappendarstellung aufweist, die der rechts im Bild platzierten *dörper*-Figur aus der Hand zu entspringen scheint. Das angedeutete Wappen scheint hier das zentrale Thema der Texte, nämlich Stand und Status, anzudeuten.

Neidharts Œuvre besteht im Wesentlichen aus zwei Liedtypen, die nach ihren lideröffnenden Naturdarstellungen als ‹Sommer-› und ‹Winterlieder› bezeichnet werden. Ähnlich wie bei Walther weist es aufgrund der breiten Überlieferung hinsichtlich Liedtypen, Themen, Strophenbestand und -reihenfolge ein breites Varianzspektrum auf. Die umfangreichste Neidhart-Sammlung wird – anders als bei Walther – nicht durch den Codex Manesse bezeugt, sondern durch eine Handschrift aus dem 15. Jahrhundert (Berliner Neidhart-Handschrift c [2. Hälfte 15. Jh., verm. Nürnberg]: 131 Lieder mit fast 1100 Strophen). Die Neidhart-Sammlung des Codex Manesse enthält heute (nach Blattverlusten, die aufs 17. Jahrhundert zurückgehen) 41 Lieder, die sich auf 16 Sommerlieder, 14 Winterlieder sowie elf Lieder ohne Natureingang verteilen. Sie ist damit die drittgrößte heute bekannte Sammlung von Neidharts Liedern (überboten wird sie lediglich durch die oben genannte Handschrift aus dem 15. Jahrhundert sowie die Riedegger/Berliner Handschrift R [Ende 13. Jh. Niederösterreich]). Auffallend ist, dass sie keine Parallelüberlieferungen mit den etwa zeitgleich zu datierenden Neidhart-Sammlungen der kleinen Heidelberger Liederhandschrift A sowie der Weingartner/Stuttgarter Liederhandschrift B aufweist. Dieser Befund lässt darauf schließen, dass die Lieder in den gemeinsamen Vorstufen der Handschriften A, B und C nicht vertreten waren. Sie müssen auf Quellen zurückgehen, die unabhängig von der *AC- und *BC-Tradition im Umlauf waren (Holznagel 1995, S. 346).

Anders als die Neidhart-Lieder in den Handschriften A und B zeigen etliche der in C überlieferten Lieder eine vom hohen Minnesang abweichende Strophenform (die sogenannte Reienstrophe). Mit diesem Merkmal entfernt sich die Neidhart-Sammlung in C formal vom Aussagesystem des hohen Minnesangs. Passend dazu enthält sie eine Gruppe von (für den hohen Minnesang nur vereinzelt belegten) Refrainliedern, von denen drei ausschließlich in C tradiert sind (C 20–22; 23–25; 206–209; 210–212). Dieser Befund passt ins Gesamtbild des Codex Manesse, der sich durch sein offenes Interesse für unterschiedliche Gattungen und Liedtypen auszeichnet.

Im Zentrum der Winterlieder steht das männliche Ich, ein Sänger, der – wie gesagt – in einigen Liedern als *Ritter von Rüwental*, in anderen (vor allem aus der Gegenperspektive der *dörper*) als *Neidhart* bezeichnet wird. Dieser liedinterne fiktive Sänger singt seine Lieder nicht am Hof für die Adligen, sondern begibt sich damit ins hofferne Milieu der *dörper*. Mit seinem Gesang und seiner höfischen Verhaltenskompetenz wirbt er einerseits um die *dörper*-Mädchen und gerät so in Konkurrenz und Feindschaft mit den *dörpern*, was oftmals in Gewalt ausartet. Andererseits dienen seine Lieder – genau wie es am Hof der Fall ist – als Vortragskunst, die der *dörperlichen* Gesellschaft Freude bereiten soll. Der Sänger verkörpert dabei alles andere als das Ideal eines höfischen Ritters: In etlichen Texten wird er als verarmter Adliger dargestellt, dessen Grundbesitz den sprechenden Namen *Rüwental* (neuhochdeutsch: Jammertal) trägt. Auch sein Verhalten ist ambivalent: Einerseits versucht er, die höfischen Normen zwanghaft und entgegen der Rivalität der *dörper* aufrechtzuerhalten, andererseits verletzt er sie selbst. Unter dem Deckmantel höfischer Minnewerbung werden sexuelle Ambitionen sichtbar; es wird als höfische Liebe ausgegeben, was doch bloße Verführung ist. Ergebnis ist ein höchst labiles Sänger-Ich, das mit den *dörper*-Figuren zu verschmelzen droht (Müller 1986, S. 421).

Die Sommerlieder schildern das Geschehen aus weiblicher Perspektive, wobei der hohe Gesprächsanteil von Frauen neu für die mittelhochdeutsche Lyrik ist. Es sprechen Mütter, Töchter und Freundinnen untereinander; die Grundsituation ist stets dieselbe: Ein Mädchen will zum Tanz unter der Linde, um von dort aus mit dem Vorsänger der Veranstaltung, dem *Ritter von Rüwental*, aus der Dorfgemeinschaft auszubrechen. Mutter bzw. Freundinnen versuchen, das Mädchen davon abzuhalten (in manchen Liedern findet ein Rollentausch zwischen Mutter und Tochter statt); es kommt zum Streit, der handgreiflich enden kann. Hier ein Beispiel:

Neidhart (Bl. 280r–280v)

Uns wil ein sumer komen.
sprach ein magt ja han ich den von Rüwental vernomen.
seht den wil ich loben.
min herze spilt vor frő̊den reht alsam es welle toben.
ja hort ich in reien mit den kinden.
ja en wil ich niemer des erwinden.
ich springe an siner hende zů der linden. (I)

Ir můter rief ir nach.
⟨...⟩
weistu wie geschach
diner gespiln Jüten des si bi ir eide mir veriach.
mit einem liede wůhs er ir uf das wempel.
si gewan ein kint bi im daz heizet lempel.
also lert er si den gimpel gempel. (II)

Můter la das sin.
ja sazt er mir ein rosen tschapel uf das hȯ̈bet min.
des het liehten schin.
zwen gemalt kalzen die braht er mir uber rin.
die trage ich noch hüte an minem beine.
des er mich bat das weis ich alterseine.
ia volge ich üwer lere harte kleine. (III)

Der můter der was leit.
daz dü tohter niht vernam daz si ir vor seit.
do sprah dü stolze meit.
ich han ims gelopt des hat er min sicherheit.
waz verlüse ich da mit miner eren.
ia will ich niemer wider keren.
er můs mich sinen trairoz leren. (IV)

(I) Der Sommer kommt! / Es sprach ein Mädchen: «Hei, ich habe den von Reuental vernommen! / Seht, den will ich loben!

Mein Herz pocht vor Freude, als wolle es verrückt werden. / Ich höre (wörtlich: ‹hörte›) ihn tanzen mit den jungen Leuten. / Ich will mich nicht davon abbringen lassen: / Ich werde an seinen Händen bei der Linde tanzen!» (II) Ihre Mutter rief ihr nach: / 〈…〉 (hier fehlt ein Vers) / «Weißt du, wie es / deiner Freundin Jüte erging? Sie hat es mir unter Eid gestanden: / Mit einem Lied machte er sich über sie her (wörtlich: ‹Mit einem Lied wuchs er ihr auf das Bäuchlein›). / Sie bekam ein Kind von ihm; das heißt Lempel (neuhochdeutsch: Lämmchen). / Auf diese Weise lehrte er sie den Gimpel-Gempel (Neidhart'sche Bezeichnung für Springtanz).» (III) «Mutter, hör auf damit! / Er setzte mir einen Rosenkranz auf mein Haupt, / der hat einen hellen Glanz. / Ein Paar bemalte Schuhe brachte er mir von weit her (wörtlich: ‹über den Rhein›); / die trage ich heute noch an meinen Füßen (wörtlich: ‹an meinen Beinen›). / Worum er mich bat, das weiß nur ich ganz allein. / Ich befolge Euren Rat ganz und gar nicht.» (IV) Der Mutter war es leid, / dass die Tochter nicht auf sie hörte. / Da sagte das übermütige Mädchen: / «Ich habe mich ihm versprochen, darauf kann er sich verlassen. / Warum soll ich da meine Ehre verlieren? / Ich werde nie wieder zurückkehren. / Er muss mir seinen Trairos (Neidhart'sche Bezeichnung für ‹Tanz›) beibringen.»

Das Lied hebt mit einer kurzen, summarischen Naturdarstellung an (I,1), die den Tanzplatz unter der Linde als Handlungsraum etabliert. Der Willensbekundung des Mädchens, am Tanz teilzunehmen, begegnet die Mutter mit der Evokation außerhäuslicher Schreckensszenarien (warnender Hinweis auf die ungewollte Schwangerschaft der Freundin *Jüte* [II,4]), was das Mädchen aber keineswegs abschreckt, sondern in seinem Beschluss wegzugehen nur noch bestärkt.

Vordergründig ist die aus dem Minnesang bekannte Minnerelation in den Sommerliedern verkehrt: Die Frau hat den Sänger zum Minneziel erkoren, sie übernimmt die Rolle der Begehrenden, verkündet den Sommer, fordert auf zu Freude und Tanz und drängt den männlichen Gegenpart damit in die passive Rolle – die im hohen Minnesang die Dame innehat. Die Emanzipation der Frau ist allerdings nur eine scheinbare: Dies gilt aus produktionsästhetischer Sicht – denn was hier vorliegt, ist keine Frauenrede, sondern eine von einem männlichen Autor erschaffene weibliche Stimme – ebenso wie im Hinblick auf das in den Liedern entworfene fiktive Geschehen selbst. Denn dem weiblichen Begehren geht der – materialisierte – Dienst des vermeintlich höfischen *Ritters von Rüwental* voraus (III,2–5): Jener ist es, der das Geschehen steuert, indem er die Mädchen mit teuren, symbolträchtigen Geschenken (hier: roten Schuhen/Rosenkranz [III,2–5]) ködert, wobei seinen Verführungskünsten nicht nur eine, sondern offenbar alle erliegen (II). Die Stimme der Frau fungiert als Sprachrohr für die Glorifizierung des (vermeintlich) höfischen Ritters und Sängers – durch ihren Mund erscheint dieser in einem glanzvollen Licht –, während sie sich mit ihrer (für die Rezipienten unverkennbar fehlgeleiteten) Verehrung einer zweifelhaften Gestalt letztlich selbst degradiert.

Stellt man sich die Lieder mündlich vom Autor vorgetragen vor, erkennt man, dass sie stets dann eine zusätzliche Bedeutungsdimension annehmen, wenn der von den Mädchen angehimmelte Ritter/Sänger als *Neidhart* benannt ist. Dann nämlich fällt ihr zweifelhaftes Lob – im Sinne eines ironischen Selbstverweises – auf den real anwesenden Sänger Neidhart selbst zurück.

Das Gut *Rüwental* repräsentiert den Gegenpol zum geschützten elterlichen Haus, denn es liegt, vom Blickpunkt der Sprecherinnen aus gesehen, außerhalb der Dorfgemeinschaft an einem Ort, wo die mütterliche Erziehungsgewalt nicht mehr greifen kann und Handeln autonom zu verantworten ist. Die Distanz des *Rüwentals* ist vom Standpunkt der Tochter aus durchwegs positiv besetzt. In ihrer Vorstellung ist es der ideale Platz für das Liebesidyll. Fern von der Dorfgemeinschaft und der Aufsicht der Mutter kann das Liebesverlangen, losgelöst von sozialer und familiärer Verantwortung, erfüllt werden. Daneben gewinnt das *Rüwental* aus der Sicht der Mädchen auch durch das Attribut des Höfischen an Attraktivität. Zahlreiche Textstellen belegen, dass der *Rüwentaler*, dessen Gut als Statussymbol fungiert, von den Mädchen als höfischer Ritter angesehen und aufgrund seines Standes und/oder seiner höfischen Kompetenzen zum Liebesziel erkoren wird. Auf der Kehrseite assoziiert die Mutter mit dem *Rüwental* ausschließlich negative Aspekte. In ihrer Vorstellung mutiert das Gut zum Ort der absoluten Schutzlosigkeit und der höchsten Gefahr für die Tochter. Außerhalb ihres Wirkungskreises wird all dies eintreten, wovor sie die Tochter bewahren will. Schwangerschaft, Misshandlung und Ehrverlust zeichnen das Krisenszenario.

Rüwental als höfischer Ort außerhalb der *dörperlichen* Gemeinschaft dient als Projektionsfläche für Wünsche (der Tochter) und Ängste (der Mutter) der Sprecherinnen. Es repräsentiert die Vorstellung eines regellosen Raums in seiner positiven wie negativen Ausprägung. Damit wird in den Sommerliedern eine weibliche Perspektive geschaffen, die den abgeschlossenen, strikt reglementierten höfischen Raum hoher Minne konterkariert und ihn zum unkontrollierbaren Freiheitsraum stilisiert (Titzmann 1971, S. 495). Dieses Bild wird in manchen Liedern durch die männliche Perspektive des *Rüwentalers* gebrochen; in seinen Augen steht das Gut vor allem für ökonomische Verpflichtungen und Fremdkontrolle durch eine dort waltende, ominöse *meisterin*. Das Erreichen des Guts *Rüwental* würde eine Grenzüberschreitung im Raum signalisieren. Für die Mädchen hieße es das Verlassen der ständischen Lebensgebundenheit, die Zerstörung sozialer Beziehungen (Verhältnis zur Mutter, zur Freundin, zum zukünftigen Ehemann); es wäre die endgültige Befreiung und die totale Schutzlosigkeit zugleich. Diese Raumgrenze bleibt in den allermeisten Liedern unangetastet und das Spannungsfeld zwischen Hof und Hofferne damit aufrechterhalten.

Der geniale Kunstgriff in Neidharts Liedern besteht darin, dass Hof und gegenhöfische Welt keine entgegengesetzten Bereiche darstellen, sondern dialektisch aufeinander bezogen sind: Beides ist in beidem enthalten, was den Unterhaltungswert der Lieder steigert. Das Publikum kann über die *dörper* lachen, die sich höfisch benehmen wollen, es aber nicht können; es kann über den *Ritter von Rüwental* lachen, der sich in der hoffernen Welt vom unhöfischen Gebaren der *dörper* affizieren lässt; es kann über die Dorfbewohnerinnen lachen, die sich einbilden, von einem Adligen verehrt zu werden, in Wahrheit aber auf einen sich präpotent gebarenden Krautjunker hereinfallen. Es kann schließlich über den Sänger Neidhart lachen, der in der mündlichen Vortragssituation momentweise (über die Namenskoinzidenz) höchstselbst als die im Lied entworfene Sängergestalt von zweifelhaftem Ruhm erscheint.

Es gehört zu den Standardoptionen der Forschung, Neidharts Lieder als Parodie auf die Regeln von höfischer Liebe und Minnesang zu interpretieren. Diese Deutung verliert an Plausibilität, wenn man bedenkt, dass die Komikeffekte, die die Lieder erzeugen, stets die Abweichung vom Modell der höfischen Liebe lächerlich machen und nicht das Modell selbst. Daran zeigt sich, dass Neidharts Lieder das höfische Werte- und Normensystem nicht *a priori* in Frage stellen, sondern es – im Gegenteil – bestätigen. Die Frage, die ihr Erfolg indes aufwirft, ist, ob das Interesse am Treiben der Neidhart'schen Akteure – ihr fortwährendes, aber stets zum Scheitern verurteiltes Ringen darum, des ‹Höfischen› habhaft zu werden – auf einem heimlichen Gefallen am Unkultivierten oder aber auf der sicheren Überlegenheit gegenüber dem Unkultivierten gründet.

Höfische Liebe und Formartistik: Konrad von Würzburg

«Minnesangs Wende» (Kuhn 1952/1967) ist die zentrale Formel, mit der bis in jüngste Zeit versucht wurde, die Geschichte der höfischen Liebesdichtung in ein Narrativ zu fassen. Sie besagt, dass der Minnesang im Laufe der ca. 150 Jahre, in denen er als Kunstform im deutschsprachigen Raum gepflegt wurde, einen tiefgreifenden Wandel erfahren habe. Als Übergangsfigur zwischen der Zeit vor dieser ‹Wende›, die als ‹klassische› Epoche oder als ‹Blütezeit› des Minnesangs bezeichnet wird, und der Zeit danach, der ‹nachklassischen› Epoche, wurde – wie einleitend schon gesagt – gemeinhin Walther von der Vogelweide angesehen. Der Wendepunkt bestand demnach hauptsächlich darin, dass sich die Minnesänger bis Walther von der Vogelweide darauf konzentriert hätten, inhaltlich am Konzept der höfischen Liebe zu arbeiten, indem sie in ausdrücklicher Auseinandersetzung damit darum bemüht gewesen seien, ‹richtige› Vorstellungen von Minne und Minnesang zu entwickeln. Danach sei das Konzept – so Hugo Kuhn – «errungen» gewesen (Kuhn 1952/1967). Das Interesse der Dichter habe sich fortan auf die kunstvolle Gestaltung des nun feststehenden Inhalts gerichtet, was zur Folge gehabt habe, dass der eigentliche Gegenstand des Minnelieds nicht mehr ein bestimmtes Modell von höfischer Liebe gewesen sei, sondern dass dieses nur noch insoweit interessiert habe, als es eine Form trägt und damit als Objekt kunstvoller Bearbeitung dienen konnte.

Heute wird das zumeist anders gesehen (Hübner 2008; Raumann 2018). Zwar trifft es zu, dass formale Artistik im späteren Minnesang mengenmäßig zunimmt; als nicht zutreffend gilt jedoch, dass die Arbeit an der Form die Arbeit am Inhalt abgelöst habe. Das zentrale Argument dagegen ist, dass es im Hinblick auf den deutschsprachigen Minnesang historisch nicht zu rechtfertigen ist, Inhalt und Form gegeneinander auszuspielen, da die an das Liebeskonzept geknüpften Formen, Begriffe, Handlungsmuster, Rollenkonstellationen und Interaktionsformen schon früh – nämlich spätestens seit der Generation von Liederdichtern, die sich seit etwa 1170 an romanischen Vorbildern orientierten – eine feste Gestalt angenommen hatten. Das heißt, Minnesang war insofern immer schon formalistisch, als jedes Lied das Vorgegebene in neuen Worten und mit einer neuen Melodie zum Ausdruck zu bringen hatte. Seine Exklusivität beruhte nie allein auf den höfischen Idealen, die er thematisierte, sondern zugleich immer auf der kunstvollen Weise, in der das geschah (Hübner 2008, S. 9). Die Unterteilung in eine inhaltszentrierte ‹klassische› und eine formzentrierte ‹nachklassische› Epoche verstellt den Blick darauf, dass auch frühere Minnesänger virtuose Sprachkünstler sein konnten und *vice versa* auch spätere die Arbeit am Liebeskonzept vorangetrieben haben. Ebenso suggeriert die Unterteilung fälschlicherweise, das Zurschaustellen von formaler Artistik gehe zwangsläufig mit einer Vernachlässigung des Inhalts einher.

Einige extreme Beispiele für die Formalisierung der höfischen Liebesdichtung enthält das Œuvre des in die zweite Hälfte des 13. Jahrhunderts zu datierenden Minnesängers Konrad von Würzburg (Bll. 383r–391r). Hier finden sich Lieder, in denen die Formkunst massiv in den Vordergrund tritt und ein Klangerlebnis erzeugt, das die Liedaussagen tatsächlich zurücktreten lässt.

Konrad war der produktivste und vielseitigste deutschsprachige Autor dieser Zeit. Die unter seinem Namen überlieferte Dichtung umfasst – anders als es bei den anderen hier vorgestellten Autoren der Fall ist – nicht nur Lyrik (Minnesang und Sangspruch), sondern auch höfische Romane, Versnovellen, Legenden, didaktische und allegorische Dichtungen sowie Texte, die in den Bereich des pragmatischen Schrifttums gehören (unter anderem eine Turnierbeschreibung).

Entsprechend seiner inhaltlichen Ausrichtung führt der Codex Manesse unter Konrads Namen ausschließlich lyrische Texte auf, wobei diese, abgesehen von wenigen Strophen, sonst nirgendwo bezeugt sind. Anders als einige seiner epischen Texte (unter anderem *Das Herzmære*, *Der Welt Lohn*), die zum Kanon der älteren deutschen Literatur gehören, sind seine Gedichte heute weniger bekannt. Den Meistersängern des Spätmittelalters galt Konrad jedoch – ebenso wie Walther von der Vogelweide – als einer der zwölf alten Meister.

Das umfangreiche, äußerst anspruchsvolle Werk lässt darauf schließen, dass Konrad ein Berufsdichter war, der über eine lateinische Schulbildung verfügte und darüber hinaus fundierte Kenntnisse der höfischen Literaturtradition hatte. In seiner Versnovelle *Das Herzmære* nennt er Gottfried von Straßburg – den Verfasser des *Tristan*-Romans (ca. 1210) – als Gewährsmann für die gesellschaftliche Vorbildfunktion, die er seiner Minnedichtung zuschreibt: Ziel sei es, durch das Erzählen bzw. Singen von wahrer, reiner Minne die Hörer und Leser zu ebensolcher zu befähigen (*Herzmære* V. 1–28). Poetologische Reflexionen in Konrads Werk zeugen vom hohen ästhetischen Anspruch, den er an sich selbst als deutschsprachigen Autor hatte: Ihm ging es nicht um getreuliche Nachahmung lateinischer, französischer oder deutschsprachiger Texte, sondern um deren Überbietung (unter anderem *Trojanerkrieg* V. 234–279). Sein Werk zeigt die Tendenz, Konkurrenzverhältnisse zu den Vorbildern aufzubauen, um auf diese Weise die ethische und sprachlich-ästhetische Überlegenheit der eigenen Dichtung zu profilieren. Dass er diesem Anspruch gerecht wurde, ist unumstritten. In der Forschung gilt Konrad als *der* mittelhochdeutsche Autor, der das Ideal einer eleganten, geschliffenen Verssprache am glänzendsten verwirklichte.

Konrad ist in zwei zeitgenössischen Quellen belegt: Eine Colmarer Chronik erwähnt seinen Tod im Jahr 1287, und in einem Urkundenbuch der Stadt Basel aus dem Jahr 1295 ist die Rede von einem Haus, das früher Konrad von Würzburg gehört habe. Dass er Hausbesitzer in Basel war, lässt auf eine bürgerliche Existenz schließen. Alle weiteren Kenntnisse über ihn stammen aus seiner Dichtung, in der sich insbesondere Erwähnungen von Gönnern – Angehörigen des Stadtadels, des Großbürgertums sowie der hohen Geistlichkeit – finden, deren Namen ebenfalls nach Basel und zudem nach Straßburg verweisen. Den höfischen Roman *Partonepier und Meliur* etwa verfasste Konrad nach einer französischen Vorlage aus dem 12. Jahrhundert für den Basler Patrizier Peter Schaler, der wiederholt Bürgermeister war. Wann Konrad sich in Basel niederließ und ob er – wie gemutmaßt wird – zuvor als fahrender Dichter an Adelshöfen unterwegs gewesen war, lässt sich nicht mehr sicher klären. Zum fränkischen Raum, auf den die Herkunftsbezeichnung ‹von Würzburg› verweist, stellt jedenfalls keine seiner Dichtungen eine Beziehung her.

Das Autorenportrait im Codex Manesse (Abb. 12) ist eine Variation des Typus ‹sitzende, meditierende Einzelperson›. Zu sehen ist der Autor, der, auf einer erhöhten Kastenbank sitzend, einem Schreiber diktiert. Der Schreiber sitzt auf einem Lehnstuhl am Pult und beschreibt ein buchartig gefaltetes Stück Pergament mit einer Feder. In der linken Hand hält er ein Federmesser, das zum Schärfen des Schreibgeräts sowie zum Korrigieren des Textes dient. Anders als in anderen C-Miniaturen erscheint das Schriftstück hier nicht als Symbol für den Dichter, sondern als ein materiell greifbares Objekt. Damit erklärt sich, dass die Buchseite nicht leer, sondern beschriftet ist – wenn auch mit einem unleserlichen Gekritzel. Was man hier sieht, ist – so nimmt die Forschung an – die Darstellung eines der Realität entsprechenden Schreibvorgangs: Es handelt sich um eines von insgesamt drei Bildern im Codex Manesse (Bl. 182v *Bligger von Steinach*, Bl. 323r *Reinmar von Zweter*), die das Dichten als Beruf darstellen, wobei die Tatsache, dass der Autor nicht selbst beim Schreiben gezeigt wird, der Vorstellung entspricht, die man – nicht zuletzt wegen des Zusammenhangs zwischen dem lateinischen Wort *dictare* und dem deutschen Wort *tihten* – vom gelehrten Textproduzenten hatte (Hübner 2008, S. 144). Im wahren Leben werden die schreibkundigen Minnesänger ihre Texte auch selbst aufgeschrieben haben.

Die Darstellung Konrads als Berufsdichter, seine Bezeichnung als *meister* sowie der Verzicht auf eine Wappendarstellung entsprechen dem, was man historisch über ihn weiß. Es ist denkbar, dass seine Lebensverhältnisse sowie sein episches Werk zur Entstehungszeit des Codex Manesse in Zürich Anfang des 14. Jahrhunderts bekannt waren und die bildkünstlerische Darstellung beeinflusst haben.

Der Codex Manesse enthält unter Konrads Namen einen Leich sowie 23 Lieder (unter anderem Tagelieder, Minnekanzonen, generalisierende Minnelieder), die die dichtungstechnische Kompetenz des Autors auffällig demonstrieren. Eines, das einen Höhepunkt minnesängerischer Formartistik darstellt, sei hier vorgestellt:

Konrad von Würzburg (Bl. 388r–388v)

Gar. bar. lit.
wit. walt. kalt.
sne. we. tůt.
glůt. si. bi. mir.
gras was. e.
kle. spranc. blanc.
blůt. gůt. schein.

ein. hag. pflag. ir.
schoͤne. doͤne. klungen.
iungen. lüten. trüten.
inne. minne. mertte.
sunder. wunder. bere.
swere. wilden. bilden.
heide. weide. rerte.
do. fro. sâzen. die.
der ger. lâzen. spil. wil. hie. (I)

Trut brut sich
mich an. man
hat rat da.
swa du nu bist.
din schin. wit.
git. můt gůt
dem. swem sin.
pin. arg starc ist.
süeze buͤze truren.
suren smerzen.
⟨…⟩ reine cleine mache.
kluͤge fuͤgen. schoͤne.
loͤne mere sere.
nüwe rüwe swache.
lich rich lehen mir.
wib lip vlehen sol wol dir. (II)

(I) Ganz kahl liegt / weit der kalte Wald. / Schnee tut weh. / Glut sei bei mir! / Gras war einst. / Klee entsprang hell. / Blütenpracht erstrahlte. / Ein Gebüsch umhegte sie. / Schöne Melodien erklangen / den jungen Leuten. / Liebkosungen / verstärkten ihnen die Minne. / Wunderbar abgesondert / befreite ungezügelte Körper / die Heide, die Weide von ihrem Kummer. / Da saßen froh die, / die sich ihrem Begehren hingeben wollten. (II) Geliebte Braut, sieh / mich an. Es / wird einem geholfen da, / wo du nun bist. / Dein heller Glanz / gibt *dem* Hochgestimmtheit, / dessen Schmerz sehr stark ist. / Süße vertreibe das Trauern! / Bitteren Schmerz /

mache ganz klein! / Kluge bewirke Schönes! / Vermehre den Lohn! / Lindere neue Betrübnis! / Verleih mir ein großes Gut! / Liebe Frau, mein Flehen gilt Dir!

Liest man das Gedicht laut, stellt man fest, dass es zunächst eher als Laut- denn als Zeichenfolgen wahrnehmbar ist. Mit seinem explodierenden Sprachklang erinnert es an moderne dadaistische Lyrik. Im Unterschied zu vielen modernen Gedichten wird das Klangerlebnis hier jedoch mittels kunstvoller reimtechnischer und rhythmischer Gestaltung der Strophen erzeugt. Als Grundeinheit dient die Abfolge zweier unmittelbar aufeinanderfolgender Reimwörter (Schlagreime). Eine Ausnahme stellt das letzte Wort des vierten Verses dar, das sich erst auf das Ende des achten Verses reimt und damit die Kanzonenform veranschaulicht. Analog dazu reimen die Schlüsse des elften und 14. Verses sowie schließlich die beiden letzten Wörter des vorletzten Verses mit Wörtern im Schlussvers. Die Rhythmisierung der Sprache erfolgt über die durchgängige Verwendung von ein- (Aufgesang) bzw. zweisilbigen Reimwörtern (Abgesang), wobei die beiden letzten Verse ein- und zweisilbige Wörter mischen, indem sie ein zweisilbiges Wort unter lauter einsilbigen platzieren. Dabei handelt es sich jeweils genau um das Wort, das die Schlagreime unterbricht.

Auch wenn Reim- und Klangmaximierung in diesem Gedicht im Vordergrund stehen und sich einem der Sprachsinn beim Lesen oder Hören nicht unmittelbar erschließt, ist es alles andere als sinnlos. Das Gedicht besteht im Prinzip aus vollständigen Sätzen, deren Bedeutung sich hinter der rhythmischen und reimtechnischen Fragmentierung der Sprache verbirgt: Es hebt ganz im Stil des klassischen Minnesangs mit einer Klage über die kalte Winterzeit an (I,1–4), an die sich ein Rückblick auf den vergangenen Sommer als Zeit der (Minne-)Freude anschließt (I,5–16). Was dann jedoch folgt, ist durchaus überraschend: Schlaglichtartig wird die Vorstellung eines Lustorts in der Natur evoziert, in der sich die Akteure gemeinsam und befreit von jeglichen Zwängen der Liebe hingeben können (I,5–16). Mit Strophe zwei wird diese Vorstellung wieder fallen gelassen. Der

Sprecher richtet sich in hochminnesängerischer Manier an seine Minnedame und bittet jene darum, sein Leid – der Sonne gleich – mit ihrem ‹Schein› zu lindern (II,5–8).

In der früheren Forschung hat man Konrads Dichtkunst mit einem stadtbürgerlichen Dichtungsinteresse in Verbindung zu bringen versucht, das sich vom traditionellen höfischen unterschieden hätte. Das wird heute nicht mehr so gesehen (Hübner 2008). Denn die Stadteliten des ausgehenden 13. Jahrhunderts, die als Konrads Publikum angenommen werden, haben nicht versucht, sich von den alten höfischen Idealen abzugrenzen, sondern – im Gegenteil – sich diese anzueignen, um auf diese Weise zu zeigen, dass sie über dieselbe Vornehmheit und Repräsentationskompetenz verfügten wie die Landaristokraten. Dies betrifft auch die von ihnen geförderte Dichtung. Diese zeugt weniger von einem eigenständigen städtischen Selbstbewusstsein als vielmehr vom Bestreben, die höfische Art zu dichten möglichst unverändert zu übernehmen. Konrads Minnelieder hätten deshalb die Interessen eines städtischen Publikums auch dann gut bedienen können, wenn er sie ursprünglich für ein höfisches produziert hätte. Genuin stadtbürgerliche Charakteristika haben sie nicht.

Sangsprüche – Kunst der unbehausten, fahrenden Dichter?

Von den 140 Autorcorpora des Codex Manesse enthalten 43 sogenannte Sangsprüche – manche davon ausschließlich (unter anderem *Friedrich von Sonnenburg* [407r–409r], *Bruder Wernher* [344v–347v], *Reinmar von Zweter* [323r–338r]), manche in Kombination mit einzelnen Minneliedern (unter anderem der *Wilde Alexander* [412r–413r], der *Marner* [349r–354v], der *Junger Meißner* [339r–340r], *Rumslant* [413v–415v] und *Frauenlob* [399r–404r]); einige enthalten Minnelieder und Sangsprüche in ähnlichem Ausmaß (unter anderem *Walther von der Vogelweide* [124r–145v], *Konrad von Würzburg* [383r–391r], der *Kanzler* [423v–428r]).

Von den vielen Definitionsversuchen der Gattung ‹Sangspruch› ist die wohl allgemein akzeptierteste eine schlichte Negativdefinition. Diese besagt, dass Sangsprüche mittelhochdeutsche Lieder sind, die sich dem Minnesang nicht zuordnen lassen, weil sie die Minnethematik nicht enthalten bzw. weil sie bloß in verallgemeinernder Weise von Minne handeln. Diese Definition verdeutlicht vor allem eines: Die mittelhochdeutsche Lyrik jenseits des Minnesangs ist sowohl thematisch als auch formal so verschiedenartig, dass sie sich weder in eine noch in mehrere Großgattungen sinnvoll einteilen lässt. Themen dieser Lieder sind Reflexionen über den Zustand der Welt, Kritik an weltlichen und kirchlichen Missständen, Erörterungen religiöser, moralischer und ethischer Fragen; des weiteren Fürstenlob und Fürstentadel, Totenklagen, Kritik an Künstlerkollegen, Kunstreflexionen, Naturbeobachtungen, Kosmologie und Gnomik (Lebensweisheit). Typisch, aber keinesfalls zwingend ist ein lehrhafter Gestus.

Formal zeichnen sich die Sangsprüche zumeist dadurch aus, dass sie aus inhaltlich in sich abgeschlossenen Einzelstrophen bestehen, die für sich alleine stehen oder aber mit weiteren, formal gleich gebauten Strophen zu – zum Teil umfangreichen – thematischen Zyklen zusammengeschlossen sein können. Ihre Bauform kann schwerfälliger, aber auch prachtvoller als die der Minnelieder wirken (Weddige 2014). Mit Walther von der Vogelweide – einem ihrer wichtigsten Vertreter –, der die Kanzonenform (Stollenstrophe) auf die Gattung übertrug, erfolgte eine formale Angleichung an den Minnesang.

Die Bezeichnung Sang*spruch* beruht auf einem auf den Mediävisten Karl Simrock (1802–1876) zurückgehenden Forschungsirrtum. Dieser nämlich ging – als er im ersten Drittel des 19. Jahrhunderts die Begriffe ‹Minnesang› und ‹Spruchdichtung› für die mittelhochdeutsche Lyrik einführte – von der Annahme aus, dass es sich bei der Spruchdichtung nicht um gesungene, sondern um gesprochene Lyrik gehandelt habe. Diese Annahme gilt heute als widerlegt. Melodieüberlieferungen aus dem 14. und 15. Jahrhundert belegen, dass zumindest ein Großteil der mittelalterlichen Spruchdichtung genau wie die Minnelyrik gesungen worden sein muss. Um diesem Umstand gerecht zu werden, wird heute terminologisch zwischen *Sang*sprüchen und *Sprech*sprüchen unterschieden.

Einem Denken in Dichotomien ruht nicht nur Simrocks Kategorisierung der mittelhochdeutschen Lyrik auf (gesungene Minnelyrik vs. gesprochene Spruchdichtung), sondern ein solches liegt auch den zum Teil heute noch vertretenen soziokulturellen Gattungsdefinitionen zugrunde: Demnach handelt es sich beim Sangspruch um die Kunst von fahrenden Dichter-Sängern, die mit ihren Sprüchen an den Höfen um materiellen Lohn warben, wohingegen der Minnesang Adelskunst war, die ihrer eigenen Prätention nach ausschließlich durch die Anerkennung des Publikums belohnt wurde (so zuletzt Hübner 2008). Dieser Einschätzung nach hatten die formalen Experimente, die Walther von der Vogelweide dem Sangspruch zukommen ließ (unter anderem die Übertragung der Kanzonenform auf den Sangspruch), zum Ziel, diesen dem Minnesang anzugleichen und sein Ansehen als höfische Liedkunst damit zu erhöhen. Entsprechend wird der Befund, dass vor Walther nur wenige Sangsprüche überliefert sind, dahingehend gedeutet, dass es sich dabei zunächst um eine gegenüber dem Minnesang inferiore Liedkunst gehandelt habe, die kaum der Verschriftlichung für würdig befunden worden sei (Weddige 2014).

Solche Einschätzungen sind deshalb schon fragwürdig, weil die Definition des Sangspruchs als Kunst der fahrenden, unbehausten Dichter-Sänger nicht auf biografischen Informationen zu den Autoren fußt (solche liegen nicht vor), sondern auf Aussagen aus den Sprüchen selbst. Vor allem Sprüche, die politische Stellungnahmen enthalten, werden als Beleg dafür angesehen, dass die Dichter mit ihrer Kunst um die Gunst eines Fürsten warben bzw. sie in dessen Auftrag verfassten. Aber genau das ist fraglich. Denn Antrieb für die Produktion von politischer Dichtung kann genauso gut das persönliche Engagement des Dichters sein. Zwar ist es nicht auszuschließen, dass unter den Spielleuten, Sängern, Musikern und Joculatores (Spaßmachern), die im Mittelalter von Hof zu Hof zogen und mit ihrer Kunst um materiellen Lohn warben, auch Spruchdichter vertreten waren, aber die pauschale Zuordnung des Sangspruchs zu einer historisch ohnehin nicht verifizierbaren sozialen Gruppe ‹fahrender Berufsdichter› beruht auf Klischeevorstellungen.

Ausgerechnet für den prominentesten Sangspruchdichter, Walther von der Vogelweide, lassen sich entsprechende Nachweise nicht erbringen. Das in den 1960er- und 70er-Jahren etablierte Bild Walthers als Vertreter eines «plebejischen Materialismus» (Kircher 1973, S. 83) wird unter anderem in Frage gestellt, weil Walthers Sprüche zeigen, dass dieser Zugang zu politischen Machtzentren gehabt haben und von dort Informationen bezogen haben muss, was dem Bild des um sein Brot bettelnden, den Herren nach dem Mund redenden Außenseiters widerspricht. Auch die Zahl der überlieferten Lieder lässt das Bild des fahrenden Berufsdichters fraglich erscheinen. Setzt man diese nämlich in Relation zur vermuteten Zeitspanne von Walthers Schaffen, ergibt sich, dass er pro Jahr etwa zwei Minnelieder und dreieinhalb Sangspruchstrophen verfasst hat. Angesichts dieses Befunds stellt sich – ungeachtet möglicher Textverluste – die Frage, ob ein Fürst ein Jahr lang für Unterkunft und Verpflegung eines Sängers gesorgt haben wird, nur weil dieser in der Zeit eine Handvoll Gedichte für ihn verfasst hat (Scholz 2005, S. 39).

Zwar zeichnen die Ich-Aussagen in Walthers Sangsprüchen das Bild eines in der Nähe von Fürsten stehenden, reisenden Dichter-Sängers; gegenwärtig erhält jedoch eine andere, bereits im 19. Jahrhundert einmal vertretene Auffassung davon, was man sich darunter vorzustellen hat, wieder verstärkte Aufmerksamkeit. Dieser zufolge stand Walther nicht primär als Sänger, sondern als Bote und Nachrichtenübermittler im Fürstendienst. Der primäre Zweck seiner Reisen wäre damit nicht seine Liedkunst, sondern der diplomatische Dienst gewesen (Scholz 2005, S. 40).

Diese Sicht rückt Walthers Werk und mit ihm den Sangspruch insgesamt in ein anderes Licht. Denn wäre Walther nicht als um Lohn bettelnder Sänger unterwegs gewesen, sondern als Reisender im Herrendienst, der womöglich zwar im Interesse eines Fürsten dichtete, aber ohne materiell davon abhängig zu sein, würde das erstens seine für einen Berufsdichter schmale literarische Produktion erklären. Zweitens verleiht diese Sichtweise den politischen Aussagen in seiner Dichtung einen anderen Status: Die Initiative dafür wäre dann nämlich weniger bei irgendwelchen Auftraggebern zu suchen als vielmehr bei ihm selbst. Drittens befreit sie den Sangspruch vom Stigma der Broterwerbskunst, wodurch sich wiederum die soziokulturelle Abgrenzung von der Minnelyrik aufhebt: Es gäbe dann keinen Grund mehr dafür, den hofsässigen Dichtern diesen abzusprechen, und umgekehrt könnte für ‹fahrende› Dichter das Verfassen und Vortragen von Minneliedern keineswegs ausgeschlossen werden – ein Umstand, den die Überlieferung ja vielfach nahelegt.

Darstellung des fahrenden Dichters als Allegorie der menschlichen Lebensreise: Der Tannhäuser

Dass die literarisch entworfene Rolle des fahrenden Dichter-Sängers nicht zwangsläufig biografisch aufzufassen ist, zeigt auch das Œuvre eines anderen Spruchdichters aus dem Codex Manesse – des Tannhäusers (Bll. 264r–269v). Das mehrere Leiche, Minnelieder und Sangsprüche umfassende Werk (insgesamt 37 Strophen), das ausschließlich im Codex Manesse überliefert ist, enthält einen fünfstrophigen Zyklus, dessen zweite Strophe das Bild eines fahrenden Sänger-Ichs entwirft:

Der Tannhäuser (Bl. 268v–269r)

Ich bin ein erbeit selig man.
der niene kan beliben
wan hüte hie morne anderswan.
sol ich daz iemer triben.
des můs ich dike sorgen.
swie frôlich ich da singe.
den abent und den morgen.
war mich daz wetter bringe.
daz ich mich so gefriste uf wazzer und uf lande.
daz ich den lib gefůre unz uf die selben stunt
ob ich den lüten leide in snôdem gewande.

so wirt mir dü reise mit freise wol kunt.
dar an solde ich gedenken.
die wile ich mich vermag.
in mag im niht entwenken.
ich můz dem wirte gelte*n* vil gar uf einen tag.

Ich bin ein mit Mühe beladener Mann, / der nirgendwo bleiben kann, / außer heute hier, morgen anderswo. / Muss das für immer so weitergehen? / Ich frage mich oft voller Sorgen – / mag ich auch fröhlich singen / am Abend und am Morgen –, / wohin mich das Wetter treiben wird / und wie ich mich zu Wasser und auf dem Land durchschlagen soll, / sodass ich mein Leben erhalte / bis zu jener Stunde. Wenn ich den Leuten zuwider werde in meiner verlotterten Kleidung, / dann wird mir mit Schrecken bewusst, was Unterwegssein heißt. / Daran sollte ich denken, / solange ich dazu im Stande bin. Ich kann ihm nicht ausweichen: / Eines Tages muss ich dem Herrn alles pünktlich bezahlen.

Die Existenz eines Fahrenden wird hier in düsteren Farben geschildert. Das Ich stellt sich als ein mit Mühen und Sorgen beladener Mann vor, dessen Not daraus resultiert, dass er gezwungen ist, beständig unterwegs zu sein und nirgendwo für längere Zeit bleiben zu können. Dieser Lebenswandel zwingt ihn zu steter Sorge um seine Ernährung, seine Gesundheit und die Wetterverhältnisse, und zwar bis zur letzten Stunde (V. 5–10), das heißt bis zum Tod. Auch um seine Kleidung ist es nicht gut bestellt. Sie befindet sich in einem Zustand, der einem Angehörigen der adligen Lebenswelt nicht angemessen ist und der ihn von der höfischen Gemeinschaft isoliert (V. 11–12). Diese Sorgen bleiben ihm, wenn auch die Lieder, die er täglich anstimmt, noch so fröhlich sind (V. 5–7). Der fahrende Sänger erscheint hier als jemand, der von der höfischen Gemeinschaft isoliert ist, dessen Leben aber zugleich von ihrer Gunst abhängt.

Neben dieser etablieren noch andere Strophen aus dem Tannhäuser-Corpus die Vorstellung eines nichtsesshaften Sänger-Ichs, wobei in einigen Fällen Ereignisse und Personen genannt werden, die historisch nachweisbar sind, wodurch der Eindruck entsteht, es handle sich dabei tatsächlich um biografische Selbstaussagen des Autors. An einer Stelle etwa spricht das Ich von einem Unterstützerverhältnis durch Herzog Friedrich II. den Streitbaren am Wiener Hof, das bis zu dessen Tod gewährt habe. Andere Stellen wiederum handeln vom Bemühen darum, die Gunst eines neuen Herrn zu gewinnen – etwa die Kaiser Friedrichs II. oder König Konrads IV.; wieder andere Stellen verweisen auf Aufenthalte in Mittel- und Ostdeutschland.

Auch wenn solche lebensweltlichen Bezüge enthalten sind, ist es nicht gerechtfertigt, die in den Texten entworfene Rolle des fahrenden Dichter-Sängers eins zu eins auf den Autor zu beziehen, denn sie ist Bestandteil der poetischen Konzeption der Texte. Im vorliegenden Fall etwa fungiert sie als Metapher für die menschliche Lebensreise. Diese Bedeutungserweiterung erfolgt dadurch, dass die Darstellung der Fahrendenexistenz auf das Jüngste Gericht hin orientiert wird (V. 16), wodurch die Reise des um Brot bettelenden, fahrenden Sängers übergeordnete Bedeutung annimmt. Reisender ist demnach nicht mehr nur er, sondern Reisende sind alle, die zu Gast auf der Welt sind. Das Leben erscheint als eine fremdbestimmte Reise, deren Mühen billigend in Kauf genommen werden müssen und für die eines Tages unausweichlich Rechenschaft abgelegt werden muss.

Das Thema des unfreien Lebens wird durch die anderen Strophen des Strophenzyklus profiliert. Diese entwerfen zwei weitere Ich-Rollen, denen die ohnmächtige Abhängigkeit von einer übergeordneten Instanz gemein ist: die des dem Gottesdienst verpflichteten Kreuzfahrers (Strophen: I, III, IV, V) und des im weltlichen Herrendienst stehenden Vasallen (Strophen: I, III, V). Insgesamt zeigt sich, dass die im Lied entworfene Rolle des fahrenden Sängers Bestandteil einer strophenübergreifenden Komposition ist, in deren Zentrum die Klage über die Unfreiheit des Lebens steht. Der Strophenzyklus schließt mit einem Lob der Freiheit.

Inwiefern sich die in den Liedern entworfenen Ich-Rollen nun aber auf den Autor beziehen lassen, lässt sich nicht nachweisen. Bisherige Versuche, den Namen mit historisch nachweisbaren Namensträgern zu verbinden, blieben spekulativ. Die Hinweise in den Texten legen nahe, dass der Tannhäuser zwischen 1245 und 1265 als Dichter aktiv war. Ohne biografische Aussagekraft ist sein Auftritt in der spätmittelalterlichen Sage, die ihn als Ritter in den Venusberg eindringen, dort ein lustvoll-ausschweifendes Leben führen und später nach Rom pilgern lässt, um die Vergebung des Papstes zu erlangen. Ohne biografische Aussagekraft ist des Weiteren das Autorenbild im Codex Manesse (Abb. 13). Hier erscheint der Tannhäuser in der Tracht eines Deutschordenritters in einem weißen Mantel mit schwarzem Kreuz darauf. Die rechte Hand hält den über Schulter und Arme fallenden Umhang fest, die linke ist in einem feierlichen Redegestus mit nach außen gekehrter Handfläche erhoben. Das weiße Tuch der Bundmütze wölbt sich wie ein Kissen hinter dem bärtigen Kopf, und die gespreizten Füße berühren nur mit der Spitze den unteren Bildrahmen. Der Eindruck des Schwebens und der feierlichen Würde erinnert an hochgotische Grabmalplastik, die dem Maler womöglich als Vorbild für Haltung und Gewand diente (Walther 1992, S. 184). Insgesamt fügt sich das im Werk beschriebene Wanderleben des Ichs nicht dem Bild eines Deutschordenritters.

6. Gebrauchsfunktion und Besitzgeschichte

Fragt man abschließend, zu welchem Zweck dieses inhaltsreiche, prachtvolle Buch in so mühevoller Arbeit hergestellt wurde, können aus dem bisher Gesagten einige Schlüsse gezogen werden. Obwohl zur Entstehungszeit des Codex Manesse (Anfang 14. Jh.) in den stadtbürgerlichen Zürcher Milieus ein lebendiges Interesse an der höfischen Liedkunst bestanden haben muss und diese als Vortragskunst wohl noch gepflegt wurde, spricht die gesamte Anlage des Codex Manesse gegen die Annahme, er sei als Liederbuch für den praktischen Gebrauch hergestellt worden. Im Unterschied zu anderen mittelalterlichen Lyrikhandschriften enthält er keine Melodieeinträge; die Strophen sind nicht voneinander abgesetzt, sondern fortlaufend eingetragen; das große Folio-Format und nicht zuletzt das Gewicht von ca. sieben Kilogramm machen ihn zu einem äußerst unhandlichen Gegenstand. Stattdessen reiht er sich in eine Gruppe von bebilderten Lyrikhandschriften ein, die besagte Merkmale ebenfalls aufweisen. Offenbar handelt es sich dabei um einen Handschriftentypus, für den die mündlich-musikalische Seite der Texte eher zweitranging und der eher fürs Anschauen und Lesen bestimmt war.

Vom Umfang her betrachtet, erscheint der Codex Manesse als eine Art Gesamtausgabe der mittelhochdeutschen Liedkunst. Auftraggeber und Hersteller waren vom Interesse angeleitet, jedes zu ihrer Zeit bekannte höfische Lied mit möglichst allen Strophen aufzuzeichnen. Berücksichtigt man den gestalterischen Aufwand, der dabei betrieben wurde, scheint die These eines rein konservierenden Sammelinteresses als Antrieb für die Herstellung der Handschrift jedoch zu kurz zu greifen. Der Codex Manesse ist kein bloßes Speichermedium, sondern seine Einrichtung und Aufmachung zeugen von einer rückwärtsgewandten, verherrlichenden Sicht auf die Zeit der höfisch-ritterlichen Kultur, die im Buch zu neuem Leben erweckt wird. Nicht nur die Tatsache, dass es mit den Worten eines prominenten Vertreters der (vergangenen) Stauferzeit anhebt, sondern auch die großformatigen farbenprächtigen Bilder, die Szenen aus dem höfisch-ritterlichen Leben zeigen, sowie die alten, traditionellen Stilmittel, durch die sich die Bild- und Initialgestaltung auszeichnen, haben den Effekt, dass die ‹alte› Zeit des Adels darin auflebt.

Die Herstellung des Buches indes ist keinesfalls als selbstlose Unternehmung der Patrizierfamilie Manesse aufzufassen, sondern es ging dabei wohl ganz zentral um ihre gesellschaftliche Anerkennung. Die Familie gehörte einer konkurrierenden Zürcher Oberschicht an. Mit dem Codex demonstrierte sie ihre höfisch-vornehme Gesinnung und Repräsentationskompetenz und setzte sich damit selbst ein Denkmal. Rostspuren sowie die Art der Beschädigung einzelner Pergamentblätter zeugen davon, dass der ursprüngliche, nicht mehr erhaltene Einband des Codex durch Metallbeschläge geschützt war und das Buch früher einmal angekettet gewesen sein muss. Das wiederum spricht für seine Funktion als Repräsentationsobjekt, das zu Ausstellungszwecken genutzt wurde. Es ist anzunehmen, dass der Codex – ähnlich wie es heute bei teuren Bildern aus Privatsammlungen vorkommt – als Leihgabe im Umlauf war und auf diese Weise den Ruhm der Familie Manesse in die Welt trug.

Über den Verbleib des Codex Manesse in den ersten Jahrhunderten nach seiner Fertigstellung ist nichts Sicheres bekannt. Greifbar wird seine Existenz erst wieder für das Jahr 1596, in dem er als Teil des Nachlasses des Schweizer Freiherrn Johann Philipp von Hohensax (1550–1596) bezeugt ist. Gegen Ende des Jahres 1607 gelangte er dann auf Initiative von dessen Witwe nach Heidelberg in den Besitz Friedrichs IV., des Kurfürsten von der Pfalz, wobei bis heute unklar ist, wer die Handschrift vor 1607 wann und wo erworben hat. Von 1607 bis 1612 befand sich der Codex nachweislich in Heidelberg, anschließend verliert sich seine Spur wieder. Womöglich kam er Heidelberg zu Beginn des Dreißigjährigen Kriegs (1618–1648) abhanden (Voetz 2015); bekannt ist nur, dass er – auf welcher rechtlichen

Grundlage auch immer – 1657 in den Besitz der damaligen Königlichen Bibliothek in Paris überging.

In den darauffolgenden 150 Jahren wurden von deutscher Seite keine ernsthaften Versuche unternommen, die Handschrift für Heidelberg oder einen anderen Ort des deutschsprachigen Raums zurückzugewinnen; auch dann nicht, als Johann Jakob Bodmer im Jahr 1748 entdeckte, dass sie in Zürich entstanden sein muss. Erst zu Beginn des 19. Jahrhunderts, als der Bekanntheitsgrad der Handschrift wuchs und sich die Erkenntnis ihrer herausragenden Bedeutung für die deutsche Lyrik des Mittelalters durchsetzte, erwachte in Deutschland das Interesse daran, wieder in ihren Besitz zu gelangen. In dieser Zeit begannen von deutscher Seite ausgehende langwierige Verhandlungen mit Frankreich, an deren erfolgreichem Abschluss auf der einen Seite eine Privatperson – nämlich der Verleger und Buchhändler Karl Ignaz Trübner (1846–1907) – beteiligt war und auf der anderen Seite der deutsche Staat – vertreten durch den Großherzoglich Badischen Gesandten in Berlin (Marschall von Bieberstein), das Königlich Preußische Cultusministerium, das Reichsschatzamt, Reichskanzler Otto von Bismarck (1815–1898) sowie Kaiser Wilhelm I. (1797–1888) persönlich. Im Februar 1888 schließlich ging der Codex Manesse in den Besitz des Deutschen Reichs über, wobei als Aufbewahrungsort die Heidelberger Bibliothek bestimmt wurde, in der er sich bis heute befindet.

Literaturverzeichnis

Textausgaben, Übersetzungen

Digitalisat, diplomatischer Abdruck des Codex Manesse

Die Manessische Lieder-Handschrift, Faksimile-Ausgabe, Einleitungen, Leipzig 1929.

Große Heidelberger Liederhandschrift (Codex Manesse). Digitalisiert nach: *Codex Manesse – die große Heidelberger Liederhandschrift. Vollständiges Faksimile des Codex Palatinus Germanicus 848 der Universitätsbibliothek Heidelberg.* Frankfurt a. M., 1975–1981. http://digi.ub.uni-heidelberg.de/sammlung2/allg/cpg.xml?docname=cpg848.

Die große Heidelberger Liederhandschrift. In getreuem Textabdruck herausgegeben von Fridrich Pfaff. Mit Unterstützung des Grossh. Badischen Ministeriums der Justiz, des Kultus und Unterrichts, Heidelberg 1909.

Die Große Heidelberger Liederhandschrift (Codex Manesse). In getreuem Textabdruck herausgegeben von Fridrich Pfaff. 2., verbesserte und ergänzte Auflage bearbeitet von Hellmut Salowsky mit einem Verzeichnis der Strophenanfänge und 7 Schrifttafeln, Heidelberg 1984.

Die große Heidelberger Liederhandschrift (Codex Manesse). Mit einem Verzeichnis der Strophenanfänge und 7 Schrifttafeln. Titelausgabe der 2. verbesserten und ergänzten Auflage, bearbeitet von Hellmut Salowsky, Heidelberg 1995.

Editionen der mittelhochdeutschen Lyrik (in Auswahl)

BSM: *Die Schweizer Minnesänger.* Herausgegeben von Karl Bartsch, Frauenfeld 1886.

Kasten, Ingrid (Hrsg.) 1995: *Deutsche Lyrik des frühen und hohen Mittelalters.* Text und Kommentar von Ingrid Kasten. Übersetzungen von Margherita Kuhn (= Bibliothek deutscher Klassiker Bd. 129/= Bibliothek des Mittelalters Bd. 3), Frankfurt a. M.

KLD: *Deutsche Liederdichter des 13. Jahrhunderts.* Herausgegeben von Carl von Kraus. 2. Aufl., durchgesehen von Gisela Kornrumpf. Band I: *Text,* Tübingen 1978 [Erstausgabe: 1952].

MF: Moser, Hugo/Tervooren, Helmut (Hrsg.) ^{38}1988: *Des Minnesangs Frühling.* Unter Benutzung der Ausg. von Karl Lachmann und Moriz Haupt, Friedrich Vogt und Carl von Kraus. Bd. 1: *Texte,* Stuttgart [Erstausgabe: 1857].

SMS: *Die Schweizer Minnesänger.* Nach der Ausgabe von Karl Bartsch neu bearbeitet und hrsg. von Max Schiendorfer, Tübingen 1990.

Wachinger, Burghart (Hrsg.) 2006: *Deutsche Lyrik des späten Mittelalters. Höhepunkte deutscher Lieddichtung aus mehr als zwei Jahrhunderten, neu ediert, übersetzt und umfassend kommentiert* (= Bibliothek deutscher Klassiker Bd. 191/= Bibliothek des Mittelalters Bd. 22), Frankfurt a. M.

Nachschlagewerke

ADB: *Allgemeine Deutsche Biographie. Auf Veranlassung und mit Unterstützung Seiner Majestät des Königs von Bayern Maximilian* II. Hrsg. durch die Historische Commission bei der Königl. Akademie der Wissenschaften, Leipzig 1875–1912, 1967–1971 (Repr.).

NDB: *Neue deutsche Biographie.* Hrsg. von der Historischen Kommission bei der Bayerischen Akademie der Wissenschaften [Schriftleitung: Otto Graf zu Stolberg-Wernigerode]. Bd. 1–25, Berlin 1953–2013.

[2]VL: *Die deutsche Literatur des Mittelalters. Verfasserlexikon.* Begründet von Wolfgang Stammler, fortgeführt von Karl Langosch. 2., völlig neu bearb. Aufl. herausgegeben von Kurt Ruh u.a., 11 Bde., Berlin/New York 1978–2000.

Einführungen und Überblicksdarstellungen

Effinger, Maria/Meyer, Carla/Schneider, Christian (Hrsg.) [2]2012: *Der Codex Manesse und die Entdeckung der Liebe. Eine Ausstellung der Universitätsbibliothek Heidelberg, des Instituts für Fränkisch-Pfälzische Geschichte und Landeskunde sowie des Germanistischen Seminars der Universität Heidelberg zum 625. Universitätsjubiläum. 625 Jahre Ruperto Carola. Katalog zur Ausstellung vom 26. Oktober 2010 bis 20. Februar 2011, Universitätsbibliothek Heidelberg* (= Schriften der Universitätsbibliothek Heidelberg 11), Heidelberg.

Hübner, Gert 2008: *Minnesang im 13. Jahrhundert. Eine Einführung*, Tübingen.

Koschorreck, Walter/Werner, Wilfried (Hrsg.) 1981: *Codex Manesse. Die große Heidelberger Liederhandschrift. Kommentar zum Faksimile des Codex Palatinus Germanicus 848 der Universitätsbibliothek Heidelberg*, Frankfurt a.M.

Schweikle, Günther [2]1995: *Minnesang* (= Sammlung Metzler Bd. 244), Stuttgart/Weimar.

Voetz, Lothar 2015: *Der Codex Manesse. Die berühmteste Liederhandschrift des Mittelalters*, Darmstadt [2., durchgesehene Aufl. Darmstadt 2017].

Weddige, Hilkert [9]2017: *Einführung in die germanistische Mediävistik*, München.

Quellennachweis und Empfehlung zur weiterführenden Literatur

Kapitel I. Bumke, Joachim 1979: *Mäzene im Mittelalter. Die Gönner und Auftraggeber der höfischen Literatur in Deutschland 1150–1300*, München, 138. – Effinger/Meyer/Schneider (Hrsg.) [2]2012, 25–27. – Henkes-Zin, Christiane 2008: *Überlieferung und Rezeption in der großen Heidelberger Liederhandschrift (Codex Manesse)*, Aachen, Diss. 2004 [http://darwin.bth.rwth-aachen.de/opus3/volltexte/2008/2161/pdf/Henkes_Zin_Christiane.pdf]. – Holznagel, Franz-Josef 1995: *Wege in die Schriftlichkeit. Untersuchungen und Materialien zur Überlieferung der mittelhochdeutschen Lyrik* (= Bibliotheca Germanica Bd. 32), Tübingen/Basel, 21–88. – Keller, Gottfried 1980: *Hadlaub. Mit Bildern aus der Manessischen Liederhandschrift.* Herausgegeben u. mit einem Nachwort von Ute Schmidt-Berger, Frankfurt a.M. – Kuhn, Hugo 1981: «Die Liedersammlung», in: Koschorreck/Werner (Hrsg.) 1981, 131–144. – Schiendorfer, Max

(Hrsg.) 1986: *Johannes Hadlaub. Die Gedichte des Zürcher Minnesängers.* 1986, Zürich/München, 186–188, 205. – Schweikle [2]1995, 107. – Voetz 2015, 5–11, 31–35, 73–78, 139f., 155. – Werner, Wilfried 1981: «Die Handschrift und ihre Geschichte», in: Koschorreck/Werner (Hrsg.) 1981, 15–39.

Kapitel 2. Bodmer, Johann Jakob 1748: *Proben der schwäbischen Poesie*, Zürich, III–XVI. – Escher-Bürkli, Jakob (Hrsg.) 1908: *Urkundenbuch der Stadt und Landschaft Zürich,* Bd. 7: *1297–1303*, Nr. 2628, Zürich. – Gamper, Rudolf 1994: «Der Zürcher Richtebrief von 1301/1304: eine Abschrift im Auftrag von Rüdiger Manesse», in: Cattani, Alfred (Hrsg.) 1994: *Lust zu schauen und zu lesen*, Zürich, 78–79. – Gutscher, Daniel 1983: *Das Großmünster in Zürich. Eine baugeschichtliche Monographie* (= Beiträge zur Kunstgeschichte der Schweiz Bd. 5), Bern. – Holznagel 1995, 140–157. – Kornrumpf, Gisela 1988: «Die Anfänge der Manessischen Liederhandschrift», in: Honeman, Volker u. a. (Hrsg.) 1988: *Deutsche Handschriften 1100–1400. Oxforder Kolloquium 1985*, Tübingen, 279–296. – Salowsky, Hellmut 1989: «Der Anteil des Schreibers MS am ‹Codex Manesse›», in: *Ruperto Carola* 41, Heft 80, 61–66. – Saurma-Jeltsch, Lieselotte E. 1988: «Das stilistische Umfeld der Miniaturen», in: Mittler, Elmar/Werner, Wilfried (Hrsg.): *Codex Manesse: die große Heidelberger Liederhandschrift. Texte, Bilder, Sachen. Katalog zur Ausstellung vom 12. Juni–4. Sept. 1988, Universitätsbibliothek Heidelberg*, Heidelberg, 302–349, 616–643. – Schiendorfer (Hrsg.) 1986, 193. – Schiendorfer, Max (Hrsg.) 1990: *Johannes Hadlaub. Dokumente zur Wirkungsgeschichte* (= Göppinger Arbeiten zur Germanistik Bd. 487), Göppingen. – Schiendorfer, Max 1993: «Ein regionalpolitisches Zeugnis bei Johannes Hadlaub (SMS 2). Überlegungen zur historischen Realität des sogenannten ‹Manessekreises›», in: *Zeitschrift für deutsche Philologie* 112, 37–65. – Schweikle, Günther 1981: «Johannes Hadlaub», in: [2]VL, Bd. 3, 379–383. – Voetz 2015, 8, 50–78. – Vogt, Friedrich 1924: «Noch einmal ‹Konstanz oder Zürich?›», in: *Beiträge zur Geschichte der deutschen Sprache und Literatur* 48, 291–302. – Walther (Hrsg.) [5]1992: *Codex Manesse. Die Miniaturen der Großen Heidelberger Liederhandschrift*, Frankfurt a. M., XXXII. – Wehrli, Max 1981: «Zur Geschichte der Manesse-Philologie», in: Koschorreck/Werner (Hrsg.) 1981, 147–165. – Werner 1981, 25–28.

Kapitel 3. Glier, Ingeborg 1989: «Markgraf Otto IV. von Brandenburg», in: [2]VL, Bd. 7, 213–215. – Henkes-Zin 2008, 1–10, 11–44. – Holznagel 1995, 157–170, 199ff. – Kornrumpf 1988, 279–296. – Kuhn 1981, 141f., 139. – Mertens, Volker 1981: «Graf Heinrich von Anhalt», in: [2]VL, Bd. 3, 685–687. – Mertens, Volker 1981: «Markgraf Heinrich III. von Meißen», in: [2]VL, Bd. 3, 785–787. – Salowsky 1989, 61–62. – Schiendorfer 1990, 192. – Schweikle, Günther 1981: «Kaiser Heinrich», in: [2]VL, Bd. 3, 678–682. – Schweikle, Günther 1985: «König Konrad der Junge», in: [2]VL, Bd. 5, 210–213. – Voetz 2015, 44, 85–91. – Wachinger, Burghart 1999: «König Wenzel von Böhmen», in: [2]VL, Bd. 10, 862–866. – Walther, Ingo F. (Hrsg.) [5]1992, XIII. – Worstbrock, Franz Josef 1981: «Heinrich von Breslau», in: [2]VL, Bd. 3, 704–706.

Kapitel 4. Bumke, Joachim 1976: *Ministerialität und Ritterdichtung. Umrisse der Forschung. Mit 3 Abbildungen*, München. – Cerquiglini, Bernard 1989:

Éloge de la variante. Histoire Critique De La Philologie, Paris. – Frühmorgen-Voss, Hella 1975: «Bildtypen in der Manessischen Liederhandschrift», in: Ott, Norbert H. (Hrsg.) 1975: *Text und Illustration im Mittelalter Aufsätze zu den Wechselbeziehungen zwischen Literatur und bildender Kunst*, München, 57–88. – Holznagel 1995, 67–69, 74, 170–199. – Koschorreck, Walter 1981: «Die Bildmotive», in: Koschorreck/Werner (Hrsg.) 1981, 103–127. – Meves, Uwe (Hrsg.) 2005: *Regesten deutscher Minnesänger des 12. und 13. Jahrhunderts*, Berlin/New York. – Saurma-Jeltsch 1988. – Schnell, Rüdiger 1998: «‹Autor› und ‹Werk› im deutschen Mittelalter. Forschungskritik und Forschungsperspektiven», in: Heinzle, Joachim (Hrsg.) 1998: *Neue Wege der Mittelalter-Philologie. Landshuter Kolloquium 1996* (= Wolfram-Studien Bd. XV), Berlin, 12–73. – Stolz, Michael 2006: «Die Aura der Autorschaft. Dichterprofile in der *Manessischen Liederhandschrift*», in: ders./Mettauer, Adrian 2006 (Hrsg.): *Buchkultur im Mittelalter. Schrift – Bild – Kommunikation*, Berlin/New York, 67–99. – Vetter, Ewald M. 1981: «Die Bilder», in: Koschorreck/Werner (Hrsg.) 1981, 43–100. – Voetz 2015, 33–34, 85–90, 245–252. – Walther (Hrsg.) [5]1992, XXXI.

Kapitel 5. Beyschlag, Siegfried 1987: «Neidhart und Neidhartianer», in: [2]VL, Bd. 6, 871–893. – Bleuler, Anna Kathrin 2008: *Überlieferungskritik und Poetologie. Strukturierung und Beurteilung der Sommerliedüberlieferung Neidharts auf der Basis des poetologischen Musters* (= Münchener Texte und Untersuchungen zur deutschen Literatur des Mittelalters Bd. 136), München. – Brunner, Horst 1985: «Konrad von Würzburg», in: [2]VL, Bd. 5, 272–304. – Cramer, Thomas 2000: «Was ist und woran erkennt man eine Frauenstrophe?», in: Cramer, Thomas u. a. (Hrsg.): *Frauenlieder – Cantigas de amigo. Internationale Kolloquien des Centro de Estudos Humanísticos (Universidade do Minho), der Faculdade de Letras (Universidade do Porto) und des Fachbereichs Germanistik (Freie Universität Berlin), Berlin, 6.11.1998, Apúlia, 28.–30.3.1999*, Stuttgart u. a., 19–32. – Egidi, Margreth 2002: *Höfische Liebe. Entwürfe der Sangspruchdichtung. Literarische Verfahrensweisen von Reinmar von Zweter bis Frauenlob*, Heidelberg. – Elias, Norbert 1997 [Erstdruck 1939]: *Über den Prozeß der Zivilisation. Soziogenetische und psychogenetische Untersuchungen.* Bd. 1: *Wandlungen des Verhaltens in den weltlichen Oberschichten des Abendlandes*, Amsterdam. – Ganz, Peter 1992: «Friedrich Barbarossa: Hof und Kultur», in: Haverkamp (Hrsg.) 1992, 623–650, hier 641 f. – Haferland, Harald 2004: «Minnesang als Posenrhetorik», in: Hausmann, Albrecht (Hrsg.) 2004: *Text und Handeln. Zum kommunikativen Ort von Minnesang und antiker Lyrik* (= Beihefte zum Euphorion Bd. 46), Heidelberg, 65–106. – Hahn, Gerhard 1999: «Walther von der Vogelweide», in: [2]VL, Bd. 10, 665–697. – Haug, Walter 2004: *Die höfische Liebe im Horizont der erotischen Diskurse des Mittelalters und der Frühen Neuzeit* (= Wolfgang Stammler Gastprofessur für Germanische Philologie Bd. 10), Berlin u. a. – Haupt, Moriz (Hrsg.) 1858: *Neidhart von Reuenthal*, Stuttgart. – Heger, Hedwig 1970: *Das Lebenszeugnis Walthers von der Vogelweide. Die Reiserechnungen des Passauer Bischofs Wolfger von Erla*, Wien, 85 ff. – Hensel, Andreas 1997: *Vom frühen Minnesang zur Lyrik der Hohen Minne. Studien zum Liebesbegriff und zur literarischen Konzeption der Autoren Kürenberger, Dietmar von Aist, Meinloh von Sevelingen, Burggraf von Rietenburg, Friedrich von Hausen und Rudolf von Fenis*, Frankfurt a. M., 199. – Holznagel 1995, 346. – Hübner 2008, 7–13, 25–28, 132–145. – Jaeger, Stephen C. 2001: *Die Entstehung höfischer Kultur. Vom höfischen Bischof zum höfischen Ritter* (= Philologische Studien und Quellen Bd. 167), Berlin. – Kircher, Alois 1973: *Dichter und Konvention. Zum gesellschaftlichen Realitätsproblem der deutschen Lyrik um 1200 bei Walther von der Vogelweide und seinen Zeitgenossen* (= Literatur in der Gesellschaft 18), Düsseldorf, 83. – Klein, Dorothea u.a. (Hrsg.) 2007: *Sangspruchdichtung. Gattungskonstitution und Gattungsinterferenzen im europäischen Kontext. Internationales Symposium Würzburg, 15.–18. Februar 2006*, Tübingen. – Kuhn, Hugo ^{2}1967: *Minnesangs Wende*, Tübingen. – Lehnert, Hubert ^{2}1972: *Struktur und Sprachmagie. Zur Methode der Lyrik-Interpretation* (= Sprache und Literatur Bd. 36), Berlin u.a., 123. – Lieb, Ludger 2009: «Kann denn schenken Sünde sein? Liebesgaben in Literatur und Kunst von Ovid bis zum Gothaer Liebespaar (um 1480)», in: Kehnel, Annette (Hrsg.): *Geist und Geld* (= Wirtschaft und Kultur im Gespräch Bd. 1), Frankfurt a.M., 193–198. – Müller, Jan-Dirk 1986: «Strukturen gegenhöfischer Welt. Höfisches und nicht-höfisches Sprechen bei Neidhart», in: ders./Kaiser, Gert (Hrsg.): *Höfische Literatur, Hofgesellschaft, höfische Lebensformen um 1200* (= Studia humaniora Bd. 6), Düsseldorf, 409–453. – Müller, Jan-Dirk 2004: «Die Fiktion höfischer Liebe und die Fiktionalität des Minnesangs», in: Hausmann, Albrecht (Hrsg.): *Text und Handeln: zum kommunikativen Ort von Minnesang und antiker Lyrik* (= Euphorion-Sonderheft Bd. 46), Heidelberg, 47–64. – Peters, Ursula 1985: «Niederes Rittertum oder hoher Adel? Zu Erich Köhlers historisch-soziologischer Deutung der altprovenzalischen und mittelhochdeutschen Minnelyrik (1973)», in: Fromm, Hans (Hrsg.): *Der deutsche Minnesang. Aufsätze zu seiner Erforschung*, Bd. 2, Darmstadt 185–207. – Raumann, Rachel: «Ironie und ‹frühe› Formkunst. Bernger von Horheim und die ‹Phasen› des Minnesangs», erscheint 2018 in der Zeitschrift Euphorion. – Schnell, Rüdiger 2005: «Die höfische Kultur des Mittelalters zwischen Ekel und Ästhetik», in: *Frühmittelalterliche Studien* 39, 1–100. – Scholz, Manfred Günter ^{2}2005: *Walther von der Vogelweide*, Stuttgart/Weimar, 1–17, 39–40, 145. – Schweikle ^{2}1995, 57, 86. – Schweikle, Günther 1980: «Friedrich von Hausen», in: ^{2}VL, Bd. 2, 935–947. – Schweikle, Günther 1985: «Kürenberg», in: ^{2}VL, Bd. 5, 454–461. – Schweikle, Günther 1990: *Neidhart*, Stuttgart/Weimar, 1–49. – Störmer, Wilhelm 1992 «Königtum und Kaisertum in der mittelhochdeutschen Literatur der Zeit Friedrich Barbarossas», in: Haverkamp, Alfred (Hrsg.): *Friedrich Barbarossa. Handlungsspielräume und Wirkungsweisen des staufischen Kaisers. Erträge der beiden internationalen Arbeitstagungen vom Herbst 1989 und Frühjahr 1990* (= Vorträge und Forschungen. Konstanzer Arbeitskreis für Mittelalterliche Geschichte Bd. 40), Sigmaringen, 581–602. – Titzmann, Michael 1971: «Die Umstrukturierung des Minnesang-Sprachsystems zum ‹offenen› System bei Neidhart», in: *Deutsche Vierteljahrsschrift für Literaturwissenschaft und Geistesgeschichte* 45, 481–514. – Wachinger, Burghart 1995: «Der Tannhäuser», in: ^{2}VL, Bd. 9, 600–610. – Walther (Hrsg.) ^{5}1992, 92, 184. – Weddige ^{9}2017, 277–285. – Wentzlaff-Eggebert, Friedrich-Wilhelm 1962: *Der Hoftag Jesu Christi 1188 in Mainz* (= Institut für Europäische Geschichte, Vorträge Bd. 32), Wiesbaden, 6 f.

Kapitel 6. Voetz 2015, 6–15, 114–164.

Anmerkung zu Primärtexten und Übersetzungen

Die Gedichte werden weitgehend buchstabengetreu nach der Transkription von Pfaff/Salowsky 1984 und dem digitalen Faksimile des Codex Manesse (http://digi.ub.uni-heidelberg.de/diglit/cpg848) zitiert, nicht aber in strikt diplomatischer Abschrift. Veränderungen des Wortlauts werden dann vorgenommen, wenn der Text evident fehlerhaft ist. Solche Eingriffe sind jeweils typografisch durch Kursivsetzung gekennzeichnet. Des Weiteren werden folgende graphemische Eingriffe vorgenommen, die den Wortlaut jedoch nicht berühren: Auflösung von Nasalstrichen und Abkürzungen, Wiedergabe des Schaft-‹ſ› durch rundes ‹s›.

Die neuhochdeutschen Übersetzungen der Gedichte stammen von der Verfasserin.

Dank

Für Gegenlektüre und Gesprächsbereitschaft danke ich Oliver Primavesi, Christoph Clemens Baumann und Rachel Raumann.

Personenregister

Register geographischer Begriffe

Bildnachweis

Universitätsbibliothek Heidelberg, Cod. Pal. germ. 848, Große Heidelberger Liederhandschrift (Codex Manesse) – CC-BY-SA 3.0: *Abb. 1:* Bl. 6 r | *Abb. 2:* Bl. 371 v | *Abb. 3:* Bl. 7 r | *Abb. 4:* Bl. 20 r | *Abb. 5:* Bl. 32 v | *Abb. 6:* Bl. 27 r | *Abb. 7:* Bl. 122 r | *Abb. 8:* Bl. 63 r | *Abb. 9:* Bl. 116 v | *Abb. 10:* Bl. 124 r | *Abb. 11:* Bl. 273 r | *Abb. 12:* Bl. 383 r | *Abb. 13:* Bl. 264 r | *Abb. 14:* Bl. 371 r